CEDU(쎄듀)는 A **C**omprehensive **E**nglish e**DU**cation(종합적 영어교육)의 약자입니다.

저자

김기훈   現 ㈜ 쎄듀 대표이사
現 메가스터디 영어영역 대표강사
前 서울특별시 교육청 외국어 교육정책자문위원회 위원

저서   천일문 / 천일문 Training Book / 초등코치 천일문
천일문 GRAMMAR / 왓츠 Grammar / 패턴으로 말하는 초등 필수 영단어
Oh! My Grammar / Oh! My Speaking / Oh! My Phonics
EGU 〈영단어&품사 · 문장 형식 · 동사 · 문법 · 구문〉 / 어휘끝 / 어법끝 / 거침없이 Writing / 쓰작
리딩 플랫폼 / 리딩 릴레이 / Grammar Q / Reading Q / Listening Q 등

쎄듀 영어교육연구센터

쎄듀 영어교육센터는 영어 콘텐츠에 대한 전문지식과 경험을 바탕으로
최고의 교육 콘텐츠를 만들고자 최선의 노력을 다하는 전문가 집단입니다.

장혜승 선임연구원 · **김지원** 전임연구원

마케팅	콘텐츠 마케팅 사업본부
영업	문병구
제작	정승호
인디자인 편집	올댓에디팅
디자인	쎄듀 디자인팀
일러스트	전병준, 연두, 김청희
영문교열	Stephen Daniel White

왓츠
리딩
What's Reading

Words

90 <u>A</u>

영어 독해력, 왜 필요한가요?

대부분 유아나 초등 시기에 처음 접하는 영어 읽기는 영어 동화책 중심입니다.
아이들이 영어에 친숙해지게 하고, 흥미를 가지게 하려면 재미있는 동화나 짧은 이야기,
즉 '픽션' 위주의 읽기로 접근하는 것이 좋은 방법이기 때문입니다.

그러나 학년이 높아짐에 따라 각종 시험에 출제되는 거의 대부분의 지문은 **유익한 정보나 지식,
교훈 등을 주거나, 핵심 주제를 파악하여 글쓴이의 관점을 이해하는 것이 필요한 '논픽션'** 류입니다.
초등 영어 교육 과정 또한 실용 영어 중심이다 보니, 이러한 다양한 지문을 많이 접하고 그 지문을 이해하는
능력을 기를 수 있는 기회가 사실 많지는 않습니다.

하지만 수능 영어의 경우, 실용 영어부터 기초 학술문까지 다양한 분야의 글이 제시되므로, **사회과학, 자연과학,
문학과 예술 등 다양한 소재에 대한 배경지식을 기르는 것이 매우 중요**하며, 지문을 읽고 핵심 주제와 글의 흐름을
파악해 문제를 풀 수 있는 능력, 즉 영어 독해력이 요구됩니다.

<왓츠 리딩> 시리즈는 아이들이 영어 읽기에 대한 흥미를 계속 유지하면서도, 논픽션 읽기에 자신감을 얻을 수
있도록, 챕터별로 **픽션과 논픽션의 비율을 50:50으로 구성**하였습니다. 각 챕터를 하나의 공통된 주제를 기반으로
한 지문 4개로 구성하여, **다양한 교과과정의 주제별 배경지식과 주요 단어**를 지문 내에서 자연스럽게 습득할 수
있도록 했습니다.

🔍 환경 관련 주제의 초등 ▸ 중등 ▸ 고등 지문 차이 살펴보기

같은 주제의 지문이라 하더라도, 픽션과 논픽션은 글의 흐름과 구조가 다르고, 사용되는 어휘가 다를 수 있습니다.
또한, 어휘의 난이도, 구문의 복잡성, 내용의 추상성 등에 따라 독해 지문의 난도는 크게 차이가 날 수 있습니다.

초등 **초6 'ㅊ' 영어 교과서 지문** (단어 수 83)

> The earth is sick. The weather is getting warmer. The water is getting worse.
> We should save energy and water. We should recycle things, too.
> What can we do? Here are some ways.
> · Turn off the lights.
> · Don't use the elevators. Use the stairs.
> · Take a short shower.
> · Don't use too much water. Use a cup.
> · Recycle cans, bottles and paper.
> · Don't use a paper cup or a plastic bag.
> Our small hands can save the earth!

> **초등** 교과 과정에서는
> 필수 단어 **약 800개**
> 학습을 권장하고 있습니다.

중등 중1 'ㄷ' 영어 교과서 지문 (단어 수 197)

Today I'm going to talk about three plastic bottles. They all started together in a store. But their lives were completely different.

A man came and bought the first bottle. After he drank the juice, he threw the bottle in a trash can. A truck took the bottle to a garbage dump. The bottle was with other smelly trash there. The bottle stayed on the trash mountain for a very long time. (중략)

A little boy bought the third bottle. The boy put the empty bottle in a recycling bin. A truck took the bottle to a plastic company. The bottle became a pen. A man bought it and he gave it to his daughter. Now it is her favorite pen!

What are you going to do with your empty bottles? Recycle! The bottles and the world will thank you for recycling.

> **중등** 교과 과정에서는 **약 1,400개**의 단어를 익혀야 합니다.

고등 수능 기출 문제 (단어 수 149)

22. 다음 글의 요지로 가장 적절한 것은?

Environmental hazards include biological, physical, and chemical ones, along with the human behaviors that promote or allow exposure. Some environmental contaminants are difficult to avoid (the breathing of polluted air, the drinking of chemically contaminated public drinking water, noise in open public spaces); in these circumstances, exposure is largely involuntary. Reduction or elimination of these factors may require societal action, such as public awareness and public health measures. In many countries, the fact that some environmental hazards are difficult to avoid at the individual level is felt to be more morally egregious than those hazards that can be avoided. Having no choice but to drink water contaminated with very high levels of arsenic, or being forced to passively breathe in tobacco smoke in restaurants, outrages people more than the personal choice of whether an individual smokes tobacco. These factors are important when one considers how change (risk reduction) happens.

* contaminate 오염시키다 ** egregious 매우 나쁜

> **수능 영어** 지문을 해석하려면 기본적으로 **약 3,300개**의 단어 학습이 필요합니다.

① 개인이 피하기 어려운 유해 환경 요인에 대해서는 사회적 대응이 필요하다.
② 환경오염으로 인한 피해자들에게 적절한 보상을 하는 것이 바람직하다.
③ 다수의 건강을 해치는 행위에 대해 도덕적 비난 이상의 조치가 요구된다.
④ 환경오염 문제를 해결하기 위해서는 사후 대응보다 예방이 중요하다.
⑤ 대기오염 문제는 인접 국가들과의 긴밀한 협력을 통해 해결할 수 있다.

왓츠 리딩 학습법

영어 독해력, 어떻게 키울 수 있나요? HOW?

<왓츠 리딩>으로 이렇게 공부해요!

STEP **주제별 핵심 단어 학습하기**

- 글을 읽기 전에 주제와 관련된 단어들의 의미를 미리 학습하면 처음 보는 글의 내용을 보다 쉽게 이해할 수 있습니다. 주제별 핵심 단어들의 의미를 확인하고, QR코드로 원어민의 생생한 발음을 반복해서 듣고 따라 읽어보세요.

- <왓츠 리딩> 시리즈를 학습하고 나면, 주제별 핵심 단어 약 1,040개를 포함하여, 총 2,000여개의 단어를 완벽하게 익힐 수 있습니다.

STEP **다양한 종류의 글감 접하기**

- 교과서나 여러 시험에서 다양한 구조로 전개되는 논픽션 류가 등장하기 때문에, 읽기에 대한 흥미를 불러일으키는 픽션 외에도 정보를 전달하는 논픽션을 바탕으로 한 다양한 종류의 글감을 접해야 합니다.

- <왓츠 리딩> 시리즈는 챕터별로 픽션과 논픽션의 비중을 50:50으로 구성하여, 두 가지 유형의 글 읽기를 위한 체계적인 학습이 가능합니다. 설명문뿐만 아니라 전기문, 편지글, 일기, 레시피, 창작 이야기 등 다양한 유형의 글감을 통해 풍부한 읽기 경험을 쌓아 보세요.

STEP **지문을 잘 이해했는지 문제로 확인하기**

- 독해는 글을 읽으며 글의 목적, 중심 생각, 세부 내용 등을 파악하는 과정입니다. 하나를 읽더라도 정확하게 문장을 해석하면서 문장과 문장 간의 연결을 이해하는 것이 중요해요. 이러한 독해 습관은 모든 학습의 기초인 문해력도 동시에 향상시킬 수 있습니다.

 STEP 4 지문 구조 분석 훈련하기

- 올바른 이해는 글을 읽고 내용을 이해하는 것을 넘어 '나'의 사고를 확장하며 그 내용을 응용하는 것까지 이어져야 합니다. 따라서 글의 내용을 파악하는 문제 외에도 글의 구조를 분석하고 요약문으로 이해한 내용을 정리하는 활동을 통해 '내' 지식으로 만들어 보세요.

 STEP 5 직독직해 훈련하기

- 직독직해란 영어를 적절하게 '끊어서 읽는 것'으로, 영어 어순에 맞게 문장을 읽어 나가는 것을 뜻합니다. 직독직해 연습을 통해 빠르고 정확하게 문장을 해석하는 방법을 익힘으로써 독해력을 키울 수 있습니다.

  영어는 우리말과 어순이 다르기 때문에 이러한 훈련이 해석하는 데 큰 도움이 됩니다. 영어 어순에 맞춰 문장을 이해하다보면 복잡한 문장도 더 쉽게 이해할 수 있습니다.

  직독직해 훈련의 시작은 기본적으로 주어와 동사를 찾아내는 것부터 할 수 있습니다. 해설에 실린 지문별 끊어 읽기를 보고, 직독직해 연습지를 통해 혼자서도 연습해보세요.

  ✎ 끊어서 읽기

  어느 밤, / 한 나그네가 길을 따라 걷고 있었다. 어두웠다. // 그리고 그는 길을 잃었다.
  ¹One night, / a traveler was walking down a road. ²It was dark, // and he got lost.

  그런데 길 반대쪽에서, / 반짝이는 등불이 나타났다. 그가 그 빛에
  ³But from the other side of the road, / a twinkling lamp appeared. ⁴When he was

  가까웠을 때, // 그는 한 남자를 보았다. 그 남자는 걸어오고 있었다 / 나그네를 향해 /
  close to the light, // he saw a man. ⁵The man was walking / toward the traveler /

  등불을 들고. 나그네는 놀랐다 // 그 남자가 앞을 보지 못했기 때문에!
  with a lamp. ⁶The traveler was surprised // because the man was blind!

 STEP 6 꾸준하게 복습하기

- 배운 내용을 새로운 문장과 문맥에서 다시 복습하는 것이 중요합니다.
  제공되는 워크북, 단어 암기장, 그리고 다양한 부가 학습 자료를 활용하여, 그동안 배운 내용을 다시 떠올리며 복습해 보세요.

구성과 특징 Components

★ <왓츠 리딩> 시리즈는 다음과 같이 구성되어 있습니다.

<왓츠 리딩> 시리즈는 총 8권으로 구성되었습니다.

	70A / 70B	80A / 80B	90A / 90B	100A / 100B
단어 수 (Words)	60-80	70-90	80-110	90-120
*Lexile 지수	200-400L	300-500L	400-600L	500-700L

*Lexile(렉사일) 지수 미국 교육 연구 기관 MetaMetrics에서 개발한 영어 읽기 지수로, 개인의 영어독서 능력과 수준에 맞는 도서를 읽을 수 있도록 개발된 독서능력 평가지수입니다. 미국에서 가장 공신력 있는 지수로 활용되고 있습니다.

- 한 챕터 안에서 하나의 공통된 주제를 중심으로 다양한 교과과정을 학습할 수 있습니다.
- 익숙한 일상생활 소재뿐만 아니라, 풍부한 읽기 경험이 되도록 여러 글감을 바탕으로 지문을 구성했습니다.
- 주제별 배경지식 및 주요 단어를 지문 안에서 자연스럽게 익힐 수 있습니다.
- 체계적인 독해 학습을 위한 단계별 문항을 제시하며, 다양한 활동을 통해 글의 구조에 대한 이해도를 높일 수 있습니다.

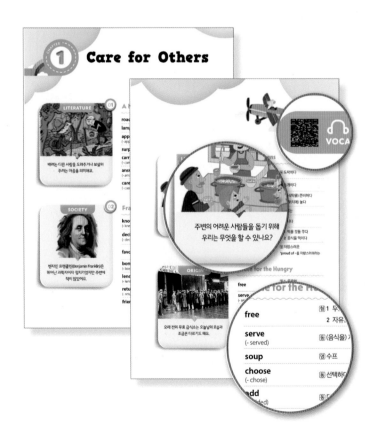

주제 확인하기

하나의 주제를 기반으로 한 4개의 지문을 제공합니다. 어떤 영역의 지문이 등장하는지 한눈에 확인할 수 있습니다.

지문 소개 글 읽기

- 학습자의 흥미를 유발하고, 글에 대한 배경지식을 활성화시켜줍니다.

지문 속 핵심 단어 확인하기

- 지문에 등장하는 핵심 단어를 확인합니다. 각 단어의 의미를 이해하면 읽기에 더 집중할 수 있습니다.
- QR코드를 통해 핵심 단어의 원어민 발음을 들을 수 있습니다.

01 A Man with a Lamp

One night, a traveler was walking down a **road**. It was dark, and he got lost. But from the other side of the road, a twinkling **lamp appeared**. When he was close to the light, he saw a man. The man was walking toward the traveler with a lamp. The traveler was **surprised** (A) the man was blind!

The traveler asked, "You can't see. Why are you **carrying** a lamp?" The blind man **answered**, "So people can see me. Then we won't bump into each other." After that, the blind man showed the right way to the traveler. He **cared** about others more than ⓐ hims... heart was brighter tha...

주요 단어와 표현

traveler 나그네, 여행자 dark 어두운
close 가까운 light 빛 toward -를 향하여
서로 show(shown) 대(길을) 알려 주다
bright 빛나는, 밝은

14 웟츠 리딩 90 ☆

02 Franklin's Favor

Benjamin Franklin was a famous scientist. Some people didn't like him. Franklin **knew** about this and **decided to ask** them **a favor**.

Franklin asked to **borrow** a book from one of them. That person was surprised, but he **lent** the book to Franklin. Later, Franklin wrote a thank-you letter to him and **returned** the book. That person started to _____ (A) _____ Franklin. Soon, they became good friends.

This is called the Benjamin Franklin effect. When someone asks us for help, we become **friendly** with that person. That's human nature.

주요 단어와 표현

famous 유명한 scientist 과학자 like 좋아하다 people 사람들 'person 사람 later 나중에 write(- wrote) 쓰다
thank-you letter 감사 편지 soon 곧, 머지않아 become(became) ~가 되다, ~해지다 is(are) called ~라고 불리다
effect 효과 someone 누군가, 어떤 사람 human nature 인간 본성

14 웟츠 리딩 90 ☆

유익하고 흥미로운 지문

- 다양한 종류의 글감으로 구성된 픽션과 논픽션 지문을 수록하였습니다.

독해력 Up 팁 하나
글을 읽기 전, 글의 내용과 관련된 사진이나 삽화를 보면서 내용을 미리 짐작해 보세요. 추측하면서 읽는 활동은 내용 파악에 도움이 됩니다.

- 핵심 단어 외에 지문에 등장하는 주요 단어와 표현을 확인할 수 있어요.

독해력 Up 팁 둘
모르는 단어가 있더라도 지문을 읽어본 다음, 그 단어의 의미를 추측해 보세요. 문장과 함께 단어의 의미를 학습하면 기억에 오래 남게 됩니다.

02 Franklin's Favor

Benjamin Franklin was a f... scientist. Some people didn't like... Franklin **knew** about this and **decided to ask** them **a favor.**

Franklin asked to **borrow** a book from one of them. That person was surprised, but he **lent** the book to Franklin. Later, Franklin wrote a thank-you letter to him and **returned** the book. That person started to _____ (A) _____ Franklin. Soon, they...

- QR코드를 통해 지문과 단어의 MP3 파일을 들을 수 있습니다.

독해력 Up 팁 셋
음원을 듣고 따라 읽으면서 복습해 보세요. 영어 독해에 대한 두려움은 줄고, 자신감을 쌓을 수 있어요.

구성과 특징 Components

Step 1 Check Up

- 지문을 읽고 나서 내용을 잘 이해했는지 확인해 보세요.

- 중심 생각과 세부 내용을 확인하는 다양한 유형의 문제를 풀면서 독해력의 기본기를 탄탄하게 쌓을 수 있어요.

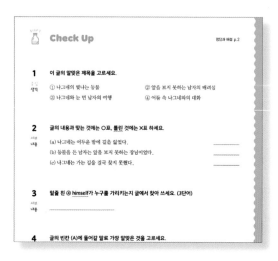

Step 2 Build Up

글의 내용을 분류하고, 비교하고, 분석하면서 글의 구조를 정리해 보세요. 글의 순서, 원인-결과, 질문-대답 등 여러 리딩 스킬 학습을 통해 다양한 각도로 글을 이해할 수 있습니다.

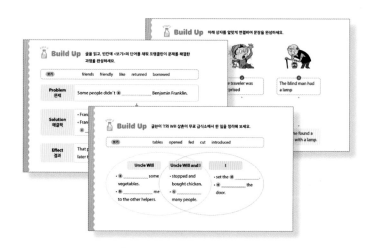

Step 3 Sum Up

빈칸 채우기, 시간 순 정리 활동으로 글의 요약문을 완성해 보세요. 글의 흐름을 다시 한번 복습하면서 학습을 마무리할 수 있습니다.

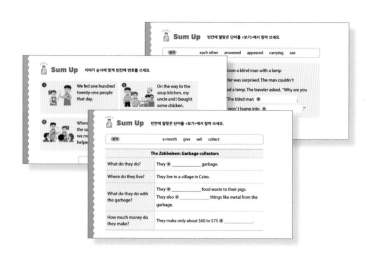

지문 속 단어 정리 및 복습

지문에 등장한 단어와 표현을 복습해요.
삽화를 통한 의미 확인, 연결 짓기, 추가 예문을 통해
단어의 의미를 한 번 더 정리합니다.

독해 학습을 완성하는 책 속 책과 별책 부록

WORKBOOK

- 지문에 등장했던 핵심 단어와 표현을 확인할 수 있어요.

- 주어, 동사 찾기 연습과 단어 배열 연습 문제로 영작 연습하면서 지문 내용을 복습할 수 있습니다.

자세한 해설 및 해석 제공

- 정답의 이유를 알려주는 문제 해설, 영어의 어순으로 빠르게 해석할 수 있는 방법을 보여 주는 직독직해를 확인해 보세요.

- 혼자서 해석하기 어려운 문장을 설명해주는 문장 분석하기 코너를 활용해 보세요.

단어 암기장

- 지문에 등장했던 모든 단어와 표현을 확인할 수 있어요.

- QR코드를 통해 단어 MP3 파일을 듣고 단어 의미를 복습하면서 어휘력을 기를 수 있어요.

무료 부가서비스
www.cedubook.com

1. 단어 리스트   2. 단어 테스트   3. 직독직해 연습지
4. 영작 연습지   5. 받아쓰기 연습지   6. MP3 파일 (단어, 지문)

목차 Contents

Care for Others

LITERATURE 01

배려는 다른 사람을 도와주거나 보살펴 주려는 마음을 의미해요.

A Man with a Lamp

road	명 길, 도로
lamp	명 등불
appear (- appeared)	동 나타나다, 보이기 시작하다
surprised	형 놀란
carry (- carried)	동 들고 가다, 운반하다, 나르다
answer (- answered)	동 대답하다
care about (- cared about)	걱정하다, 마음을 쓰다

SOCIETY 02

벤자민 프랭클린(Benjamin Franklin)은 뛰어난 과학자이자 정치가였지만 주변에 적이 많았어요.

Franklin's Favor

know (- knew)	동 알다, 알고 있다
decide (- decided)	동 결심하다 *decide to ~하기로 결심하다
favor	명 부탁 *ask a favor 부탁을 하다
borrow (- borrowed)	동 빌리다
lend (- lent)	동 빌려주다
return (- returned)	동 돌려주다, 반납하다
friendly	형 친절한

LITERATURE 03

주변의 어려운 사람들을 돕기 위해
우리는 무엇을 할 수 있나요?

Soup Kitchens

arrive (- arrived)	동 도착하다
introduce (- introduced)	동 소개하다
set (- set)	동 1 (식탁을) 준비하다 2 (위치에) 놓다
at first	처음에는
leave (- left)	동 떠나다
feed (fed)	동 1 먹을 것을 주다 2 음식을 먹이디
proud	형 자랑스러운 *proud of ~을 자랑스러워하는

ORIGIN 04

오래 전의 무료 급식소는 오늘날의 모습과
조금은 다르기도 해요.

Place for the Hungry

free	형 1 무료의 2 자유로운
serve (- served)	동 (음식을) 제공하다
soup	명 수프
choose (- chose)	동 선택하다, 고르다
add (- added)	동 더하다, 추가하다
still	부 아직도, 여전히
low	형 낮은, 적은

A Man with a Lamp

One night, a traveler was walking down a **road**. It was dark, and he got lost. But from the other side of the road, a twinkling **lamp appeared**. When he was close to the light, he saw a man. The man was walking toward the traveler with a lamp. The traveler was **surprised** _____(A)_____ the man was blind!

The traveler asked, "You can't see. Why are you **carrying** a lamp?" The blind man **answered**, "So people can see me. Then we won't bump into each other." After that, the blind man showed the right way to the traveler. He **cared about** others more than ⓐ himself. His warm heart was brighter than a lamp.

●● ● **주요 단어와 표현**

traveler 나그네, 여행자　 dark 어두운　 get lost(- got lost) 길을 잃다　 other side 반대쪽　 twinkling 반짝이는
close 가까운　 light 빛　 toward ~을 향하여, ~쪽으로　 blind 눈이 먼, 앞을 못보는　 bump into 부딪치다　 each other
서로　 show(- showed) (길을) 알려 주다　 right 맞는; 올바른　 others 다른 사람들　 warm (마음이) 따뜻한　 heart 마음
bright 빛나는, 밝은

1

중심
생각

이 글의 알맞은 제목을 고르세요.

① 나그네의 빛나는 등불

② 앞을 보지 못하는 남자의 배려심

③ 나그네와 눈 먼 남자의 여행

④ 어둠 속 나그네와의 대화

2

세부
내용

글의 내용과 맞는 것에는 ○표, 틀린 것에는 ✕표 하세요.

(a) 나그네는 어두운 밤에 길을 잃었다.　　　　　　　　_____

(b) 등불을 든 남자는 앞을 보지 못하는 장님이었다.　　　_____

(c) 나그네는 가는 길을 결국 찾지 못했다.　　　　　　　_____

3

세부
내용

밑줄 친 ⓐ himself가 누구를 가리키는지 글에서 찾아 쓰세요. (3단어)

_____

4

빈칸
추론

글의 빈칸 (A)에 들어갈 말로 가장 알맞은 것을 고르세요.

① so　　　　　　② but　　　　　　③ when　　　　　　④ because

5

중심
생각

이 글의 교훈으로 알맞은 것을 고르세요.

① 고운 말을 사용하자.

② 여행 준비를 철저히 하자.

③ 남을 배려하는 마음을 갖자.

④ 어려움 속에서도 희망을 잃지 말자.

Build Up

아래 상자를 알맞게 연결하여 문장을 완성하세요.

1
The traveler got lost

2
The traveler was surprised

3
The blind man had a lamp

(A) because the man was blind.

(B) because he cared about others.

(C) but he found a man with a lamp.

Sum Up

빈칸에 알맞은 단어를 <보기>에서 찾아 쓰세요.

보기   each other   answered   appeared   carrying   see

One night, a traveler got lost. Soon a blind man with a lamp

a _____ . The traveler was surprised. The man couldn't

b _____ , but he had a lamp. The traveler asked, "Why are you

c _____ a lamp?" The blind man **d** _____ ,

"So people can see me. Then we won't bump into **e** _____ ."

Look Up

A 아래 그림에 알맞은 단어를 고르세요.

❶

☐ lamp
☐ road

❷

☐ show
☐ carry

❸

☐ dark
☐ bright

B 주어진 단어의 알맞은 우리말 뜻을 찾아 연결하세요.

❶ blind •   • 대답하다

❷ answer •   • 걱정하다, 마음을 쓰다

❸ get lost •   • 눈이 먼

❹ care about •   • 길을 잃다

C 우리말 해석에 맞도록 <보기>에서 알맞은 단어를 골라 빈칸에 쓰세요.

> 보기   carry   appeared   surprised

❶ 나는 여행할 때, 내 카메라를 들고 간다.

→ When I travel, I _____ my camera.

❷ 우리는 그 소식에 매우 놀랐다.

→ We were very _____ at the news.

❸ 해가 구름 뒤에서 나타났다.

→ The sun _____ from behind the clouds.

Franklin's Favor

Benjamin Franklin was a famous scientist. Some people didn't like him. Franklin **knew** about this and **decided to ask** them **a favor**.

Franklin asked to **borrow** a book from one of them. That person was surprised, but he **lent** the book to Franklin. Later, Franklin wrote a thank-you letter to him and **returned** the book. That person started to _____(A)_____ Franklin. Soon, they became good friends.

This is called the Benjamin Franklin effect. When someone asks us for help, we become **friendly** with that person. That's human nature.

●● ● **주요 단어와 표현**

famous 유명한   scientist 과학자   like 좋아하다   people 사람들 *person 사람   later 나중에   write(- wrote) 쓰다
thank-you letter 감사 편지   soon 곧, 머지않아   become(- became) ~가 되다, ~해지다   is[are] called ~라고 불리다
effect 효과   someone 누군가, 어떤 사람   human nature 인간 본성

Check Up

1 이 글은 무엇에 대해 설명하는 내용인가요?

중심
생각

① 벤자민 프랭클린의 업적   ② 벤자민 프랭클린 효과

③ 벤자민 프랭클린의 동료   ④ 벤자민 프랭클린의 감사 편지

2 글의 내용과 맞는 것에는 ○표, 틀린 것에는 ✕표 하세요.

세부
내용

(a) 프랭클린은 몇몇 사람들이 자신을 싫어하는 것을 몰랐다.   _____

(b) 프랭클린은 감사 편지와 함께 책을 돌려주었다.   _____

(c) 우리는 누군가가 도움을 요청하면, 그 사람에게 친절해진다.   _____

3 글의 빈칸 (A)에 들어갈 말로 가장 알맞은 것을 고르세요.

빈칸
추론

① like   ② know   ③ ask   ④ call

4 이 글이 말하고자 하는 내용을 고르세요.

중심
생각

① 주변에 적을 많이 만들면 안 된다.

② 남에게 부탁하는 것은 쉽지 않다.

③ 남을 도와주는 것은 인간의 본성이다.

④ 책을 자주 빌리면 친구를 사귀기 쉽다.

STEP 2

Build Up

글을 읽고, 빈칸에 <보기>의 단어를 채워 프랭클린이 문제를 해결한 과정을 완성하세요.

보기	friends friendly like returned borrowed

Problem 문제	Some people didn't ⓐ _____ Benjamin Franklin.

↓

Solution 해결책	• Franklin ⓑ _____ a book from one of them. • Franklin wrote a thank-you letter to that person and ⓒ _____ the book.

↓

Effect 결과	That person became ⓓ _____ with Franklin, and later they became good ⓔ _____.

STEP 3

Sum Up

빈칸에 알맞은 단어를 <보기>에서 찾아 쓰세요.

보기	knew lent like effect help

Franklin ⓐ _____ that some people didn't like him. One day, he asked to borrow a book from one of them, and that person ⓑ _____ the book to him. Later, Franklin returned the book with a thank-you letter. Soon, that person started to ⓒ _____ Franklin. When someone asks us for ⓓ _____, we become friendly with that person. This is called the Benjamin Franklin ⓔ _____.

Look Up

A 아래 그림에 알맞은 단어를 고르세요.

❶

❷

❸

☐ person
☐ people

☐ friendly
☐ famous

☐ write
☐ borrow

B 주어진 단어의 알맞은 우리말 뜻을 찾아 연결하세요.

❶ scientist •

❷ decide •

❸ lend •

❹ favor •

• 부탁

• 빌려주다

• 과학자

• 결심하다

C 우리말 해석에 맞도록 <보기>에서 알맞은 단어를 골라 빈칸에 쓰세요.

> 보기   friendly   knows   return

❶ 내 가장 친한 친구는 내 가족에 대해 알고 있다.

→ My best friend _____ about my family.

❷ 너는 도서관에 그 책들을 반납해야 해.

→ You should _____ the books to the library.

❸ Sue는 매우 친절하기 때문에 인기가 많다.

→ Sue is popular because she is very _____.

03 Soup Kitchens

Uncle Will works at a *soup kitchen. He tells me many things about his work. Last Monday, I went to the soup kitchen with Uncle Will. On the way, we stopped and bought some chicken for that day's menu. When we **arrived**, Uncle Will **introduced** me to the other helpers. He cut some vegetables, and I **set** the tables.

When I opened the door, people in line came inside. Soon, the soup kitchen was full. People looked hungry **at first**. But they looked full _____(A)_____ they **left**. We **fed** one hundred twenty-one people. I was very **proud of** my uncle.

*soup kitchen 무료 급식소

● ● 주요 단어와 표현

uncle 삼촌   thing 것, 일   last 지난   on the way 가는 도중에   stop(- stopped) 잠깐 들르다   buy(- bought) 사다
helper 도우미   cut(- cut) 자르다   vegetable 채소   line (차례를 기다리는 사람들의) 줄   *in line 줄을 서 있는   inside
안으로   full 가득 찬; 배부른   hundred 100, 백

Check Up

1 이 글의 알맞은 제목을 완성하세요.

중심
생각

① Will 삼촌의 수프 비법　　　　② Will 삼촌과의 특별한 하루

③ 무료 급식소의 인기 메뉴　　　　④ 무료 급식소 방문객의 선물

2 글의 내용과 맞는 것에는 ○표, **틀린** 것에는 ✕표 하세요.

세부
내용

(a) Will 삼촌은 무료 급식소에서 일한다.　　　　　　　　　　　　_____

(b) 글쓴이 'I'는 무료 급식소 도우미들을 소개받았다.　　　　　　_____

(c) 글쓴이 'I'가 급식소의 문을 열었을 때, 밖에 아무도 없었다.　　_____

3 글의 빈칸 (A)에 들어갈 말로 가장 알맞은 것을 고르세요.

빈칸
추론

① so　　　　　　② or　　　　　　③ when　　　　　④ because

4 글에 등장하는 단어로 빈칸을 채워 보세요.

중심
생각

I went to the soup kitchen and helped Uncle Will. We ____ⓐ____ many people that day. I was very ____ⓑ____ of him.

ⓐ : _____　　　　　　　　ⓑ : _____

STEP 2
Build Up
글쓴이 'I'와 Will 삼촌이 무료 급식소에서 한 일을 정리해 보세요.

보기	tables opened fed cut introduced

Uncle Will

- a _____ some vegetables.
- b _____ me to the other helpers.

Uncle Will and I

- stopped and bought chicken.
- c _____ many people.

I

- set the d _____.
- e _____ the door.

STEP 3

Sum Up
이야기 순서에 맞게 빈칸에 번호를 쓰세요.

❶ We fed one hundred twenty-one people that day.

❷ On the way to the soup kitchen, my uncle and I bought some chicken.

❸ When we arrived at the soup kitchen, we met other helpers there.

❹ When I opened the door, people in line came inside.

Look Up

A 아래 그림에 알맞은 단어를 고르세요.

1
- ☐ work
- ☐ introduce

2
- ☐ cut
- ☐ leave

3
- ☐ set
- ☐ feed

B 주어진 단어의 알맞은 우리말 뜻을 찾아 연결하세요.

1 full   •   • 자랑스러운

2 at first   •   • 채소

3 vegetable   •   • 가득 찬; 배부른

4 proud   •   • 처음에는

C 우리말 해석에 맞도록 <보기>에서 알맞은 단어를 골라 빈칸에 쓰세요.

보기	fed set arrive

1 도우미들이 공원에 있는 사람들에게 먹을 것을 주었다.

→ The helpers _____ people in the park.

2 식탁 위에 접시들을 놓아줄래?

→ Can you _____ the dishes on the table?

3 서두르자. 버스가 곧 도착할 거야.

→ Let's hurry. The bus will _____ soon.

Place for the Hungry

A soup kitchen is a place for people with little money or no home. There, everyone can have a **free** meal. At first, soup kitchens **served soup** and bread. They **chose** soup because they could **add** water to the soup and serve it to more people.

Soup kitchens started in the U.S. around 1929. At least 12 million people lost their jobs because of *the Great Depression. There was a soup kitchen in every city and town. Each soup kitchen had about 2,000 visitors every day.

Soup kitchens **still** exist. Today, they serve food and give out clothes, too. Some soup kitchens even _____(A)_____ food at a **low** price.

*the Great Depression 대공황 ((1929년에 시작된 세계적 경제 불황))

● ● 주요 단어와 표현

place 장소, 곳   little 거의 없는   have(- had) (식사를) 하다; 가지고 있다   meal 식사, 끼니   the U.S. 미국   around ~쯤
at least 적어도, 최소한   million 백만   lose(- lost) 잃다   every 어느 ~이나; 매~   each 각각의, 각자의   about 약, 대략
visitor 방문객   exist 존재하다   give out ~을 나눠 주다   even ~도, ~조차   price 가격

Check Up

1 이 글은 무엇에 대해 설명하는 내용인가요?

중심
생각

① 1929년 미국의 모습

② soup kitchen의 역사

③ soup kitchen 음식의 변화

④ 미국 대공황이 일어난 이유

2 soup kitchen에 대해 글의 내용과 <u>틀린</u> 것을 고르세요.

세부
내용

① 모든 사람에게 무료로 음식을 제공한다.

② 처음에는 수프와 빵을 제공했다.

③ 예전에는 급식소마다 하루에 약 2,000명의 방문객이 있었다.

④ 오늘날에는 일자리도 제공한다.

3 soup kitchen이 수프를 선택한 이유로 알맞은 것을 고르세요.

세부
내용

① 쉽게 만들 수 있어서

② 빵과 같이 제공하기 위해서

③ 더 많은 사람에게 나눠 주기 위해

④ 식재료가 너무 비싸서

4 글의 빈칸 (A)에 들어갈 말로 가장 알맞은 것을 고르세요.

빈칸
추론

① add

② grow

③ sell

④ return

5 글에 등장하는 단어로 빈칸을 채워 보세요.

중심
생각

> At first, soup kitchens _____ⓐ_____ soup and bread. Today, they still exist and
>
> even _____ⓑ_____ clothes.

ⓐ : _____

ⓑ : _____

STEP 2 Build Up 주어진 질문과 대답을 알맞게 연결하세요.

Question | 질문

Answer | 대답

1 What is a soup kitchen?

(A) They serve food and give out clothes. Some even sell food at a low price.

2 When did soup kitchens start in the U.S.?

(B) It's a place for people with little money or no home. Everyone can have a free meal.

3 What do soup kitchens do today?

(C) They started around 1929.

STEP 3 Sum Up 빈칸에 알맞은 단어를 <보기>에서 찾아 쓰세요.

보기   low   each   serve   around   lost

Soup kitchens started in the U.S. (a)＿＿＿＿＿＿ 1929. Because of the Great Depression at that time, 12 million people (b)＿＿＿＿＿＿ their jobs. There was a soup kitchen in every city, and there were about 2,000 visitors at (c)＿＿＿＿＿＿ soup kitchen every day. Today, soup kitchens (d)＿＿＿＿＿＿ food and give out clothes. Some of them sell food at a (e)＿＿＿＿＿＿ price.

Look Up

A 아래 그림에 알맞은 단어를 고르세요.

❶

❷

❸

☐ add
☐ serve

☐ lose
☐ give out

☐ low
☐ free

B 주어진 단어의 알맞은 우리말 뜻을 찾아 연결하세요.

❶ meal ·

❷ soup ·

❸ price ·

❹ still ·

· 가격

· 아직도, 여전히

· 수프

· 식사, 끼니

C 우리말 해석에 맞도록 <보기>에서 알맞은 단어를 골라 빈칸에 쓰세요.

> 보기   free   add   chose

❶ 그 요리에 소금을 더하는 것이 좋겠어.

→ You should _____ more salt to the dish.

❷ Jake는 영화 무료입장권 두 장을 얻었다.

→ Jake got two _____ tickets for the movie.

❸ 그는 메뉴에서 스테이크를 선택했다.

→ He _____ a steak from the menu.

CHAPTER 2 Jobs

SCHOOL Career Day 01

'커리어 데이(Career day)'는 장래에 대해 고민하는 학생들을 위한 학교 행사 중 하나예요.

Career Day

guest	몡 손님
work	몡 일, 직장, 직업
take care of (- took care of)	~을 돌보다
bring (- brought)	동 데려오다, 가져오다
teach (- taught)	동 가르치다
grown-up	몡 어른, 성인
grow up (- grew up)	자라다, 성장하다
interesting	혱 흥미로운, 재미있는

JOBS 02

쓰레기를 모아서 재활용하고 돈을 버는 직업을 가진 사람들의 이야기를 읽어보아요.

The Garbage Collectors

mean (- meant)	동 의미하다
collect (- collected)	동 모으다, 수집하다 *collector 수집가
full	혱 가득 찬 *full of ~로 가득 찬
sell (- sold)	동 팔다
about	젼 1 약, 대략 2 ~에 관한, 대하여
make money (- made money)	돈을 벌다
cause (- caused)	동 ~의 원인이 되다, 일으키다

VOCA

LITERATURE 03

다양한 직업을 체험할 수 있는 VR 헤드셋이
있다면, 어떤 직업을 체험하고 싶은가요?

Work Experience

put on (- put on)	~을 착용하다, 입다, 쓰다
list	명 목록
different	형 1 여러 가지의, 각각 다른 2 다른, 차이가 나는
experience (- experienced)	명 체험, 경험 동 체험하다, 경험하다
shoot (- shot)	동 (총 등을) 쏘다
begin (- began)	동 (어떤 일이) 시작되다, 시작하다
bored	형 지루해하는

WORLD 04

세계에는 정말 다양하고 많은 직업들이
있어요. 그 중 조금 특이한 직업에 대해
알아볼까요?

Interesting Jobs

job	명 직업, 일
grab (- grabbed)	동 붙잡다, 움켜잡다
sound (- sounded)	동 ~인 것 같다, ~처럼 들리다
tough	형 힘든, 어려운
check (- checked)	동 점검하다, 살피다
hurt	형 다친
throw away (- threw away)	버리다, 없애다

01 Career Day

Today was a special day. Many **guests** visited our class for career day. They talked about their **work**.

The first guest was Paul's father. He wore a safety helmet. He builds buildings. The next guest was Linda's mother. She's a nurse, and she **takes care of** babies. She said that the babies were cute, but they cried a lot. Our teacher, Ms. Olivia, also **brought** ⓐ a guest. His name is Mr. Kelly, and he **teaches** at college. He taught our teacher too, ten years ago.

Grown-ups have **interesting** _____(A)_____! What will I become when I **grow up**?

●● **주요 단어와 표현**

career 직업 *career day 커리어 데이   special 특별한   visit(- visited) 방문하다   wear(- wore) 입고 있다, 쓰고 있다
safety 안전; 안전성 *safety helmet 안전모   nurse 간호사   a lot 많이   also 또한   ago ~전에   college 대학
become ~가 되다, ~해지다

Check Up

정답과 해설 p.12

1 이 글의 알맞은 제목을 고르세요.

중심
생각

① 좋은 간호사가 되는 방법　　　　　② Olivia 선생님의 대학 방문

③ 우리 주변의 다양한 직업　　　　　④ 어른들의 어릴 적 장래 희망

2 글의 내용과 맞는 것에는 ○표, 틀린 것에는 ✕표 하세요.

세부
내용

(a) Paul의 아버지는 건축 관련 일을 한다.　　　　　　　　＿＿＿＿＿

(b) 글쓴이 'I'의 어머니는 병원에서 아기들을 돌본다.　　　　＿＿＿＿＿

3 밑줄 친 ⓐ에 대한 설명 중 글의 내용과 틀린 것을 고르세요.

세부
내용

① Olivia 선생님의 손님이다.　　　　② 그의 이름은 Kelly이다.

③ 대학에서 가르친다.　　　　　　　④ 10년 전에 Olivia 선생님의 학생이었다.

4 글의 빈칸 (A)에 들어갈 말로 가장 알맞은 것을 고르세요.

빈칸
추론

① guests　　　② careers　　　③ classes　　　④ days

5 글에 등장하는 단어로 빈칸을 채워 보세요.

중심
생각

Ms. Olivia and her students brought special ＿＿＿ⓐ＿＿＿ to talk about their

work for career day. They all have ＿ⓑ＿ careers.

ⓐ : ＿＿＿＿＿＿＿　　　　　　　ⓑ : ＿＿＿＿＿＿＿

Build Up

글을 읽고, 빈칸에 <보기>의 단어를 채워 아래 인물의 직업에 대한 설명을 완성하세요.

보기	brought buildings teacher wears takes care of

Paul's Father

- a _____ a safety helmet at work.
- builds
  b _____.

Linda's Mother

- is a nurse.
- c _____ babies.

Ms. Olivia

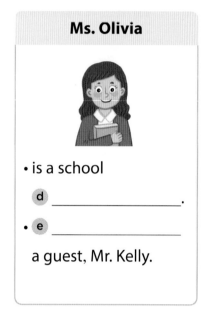

- is a school
  d _____.
- e _____ a guest, Mr. Kelly.

Sum Up

빈칸에 알맞은 단어를 <보기>에서 찾아 쓰세요.

보기	teaches work grown-ups guests taught

Today, many a _____ visited our class and talked about their b _____. Paul's father builds buildings. Linda's mother takes care of babies. Mr. Kelly c _____ at college. He d _____ our teacher ten years ago. e _____ have interesting careers!

Look Up

A 아래 그림에 알맞은 단어를 고르세요.

 ❶

 ❷

 ❸

☐ wear

☐ bring

☐ teach

☐ become

☐ visit

☐ take care of

B 주어진 단어의 알맞은 우리말 뜻을 찾아 연결하세요.

❶ interesting ·

❷ special ·

❸ grown-up ·

❹ guest ·

· 특별한

· 어른

· 흥미로운

· 손님

C 우리말 해석에 맞도록 <보기>에서 알맞은 단어를 골라 빈칸에 쓰세요.

보기	work	grew up	brought

❶ 그녀는 아이들과 함께 하는 자신의 일을 즐긴다.

→ She enjoys her _____ with children.

❷ Brian은 엄마를 위한 선물을 가져왔다.

→ Brian _____ a gift for his mom.

❸ Wilson은 자라서 의사가 되었다.

→ Wilson _____ and became a doctor.

02 The Garbage Collectors

Zabbaleen **means** "garbage people" in Egyptian Arabic. They go from door to door and **collect** garbage. They bring ⓐ <u>it</u> to their village in Cairo. People call it "Garbage City" because the village is **full of** garbage.

When the *Zabbaleen* get home, they sort the garbage. They give food waste to their pigs. They find things like plastic, glass, and metal, and **sell** them. They recycle **about** 80% of the garbage.

But the *Zabbaleen* don't **make** much **money**. They make only about $60 to $75 a month. _____(A)_____, the garbage **causes** many health problems.

● ● **주요 단어와 표현**

garbage 쓰레기　Egyptian Arabic 이집트 아랍어　from door to door 집집마다　village (소)도시, 마을　city 도시
Cairo 카이로 ((이집트의 수도))　call A B A를 B라고 부르다　get 도착하다　sort 분류하다　food waste 음식물 쓰레기
thing 물건, 사물　plastic 플라스틱　glass 유리　metal 금속　recycle 재활용하다　health 건강　problem 문제

1 이 글은 무엇에 대해 설명하는 내용인가요?

중심
생각

> Zabbaleen의 _____

① 생활 방식   ② 건강 유지법

③ 재활용 방법   ④ 식사 예절

2 Zabbaleen에 대해 글의 내용과 <u>틀린</u> 것을 고르세요.

세부
내용

① 집집마다 가서 쓰레기를 모은다.

② 플라스틱, 유리, 금속 등을 찾아 판다.

③ 쓰레기의 약 80%를 재활용한다.

④ 쓰레기를 재활용하여 많은 돈을 번다.

3 밑줄 친 ⓐ <u>it</u>이 가리키는 것으로 알맞은 것을 고르세요.

세부
내용

① food   ② garbage   ③ door   ④ money

4 글의 빈칸 (A)에 들어갈 말로 가장 알맞은 것을 고르세요.

빈칸
추론

① So   ② Or   ③ Also   ④ But

5 글에 등장하는 단어로 빈칸을 채워 보세요.

중심
생각

> The *Zabbaleen* ____ⓐ____ about 80% of the garbage. They collect garbage and ____ⓑ____ things like metal to make money.

ⓐ : _____   ⓑ : _____

Build Up

빈칸에 알맞은 단어를 <보기>에서 찾아 쓰고, Zabbaleen의 일과 순서에 맞게 번호를 쓰세요.

보기   sort   bring   sell   garbage

The *Zabbaleen*

❶	❷	❸	❹
find plastic, glass, and metal, and ⓐ _____ them.	ⓑ _____ garbage to their village.	go from door to door and collect ⓒ _____.	ⓓ _____ the garbage.

☐ → ☐ → ☐ → ☐

Sum Up

빈칸에 알맞은 단어를 <보기>에서 찾아 쓰세요.

보기   a month   give   sell   collect

The *Zabbaleen*: Garbage collectors

What do they do?	They ⓐ _____ garbage.
Where do they live?	They live in a village in Cairo.
What do they do with the garbage?	They ⓑ _____ food waste to their pigs. They also ⓒ _____ things like metal from the garbage.
How much money do they make?	They make only about $60 to $75 ⓓ _____.

Look Up

A 아래 그림에 알맞은 단어를 고르세요.

❶
- ☐ sell
- ☐ recycle

❷
- ☐ cause
- ☐ collect

❸
- ☐ sort
- ☐ mean

B 주어진 단어의 알맞은 우리말 뜻을 찾아 연결하세요.

❶ about　　　　•　　　　• 쓰레기

❷ make money　•　　　　• 문제

❸ problem　　　•　　　　• 약; ~에 관한

❹ garbage　　　•　　　　• 돈을 벌다

C 우리말 해석에 맞도록 <보기>에서 알맞은 단어를 골라 빈칸에 쓰세요.

> **보기**　　　　　full　　means　　causes

❶ 빨간 신호등은 '정지'를 의미한다.

→ The red traffic light _____ "Stop."

❷ 대기오염은 많은 문제를 일으킨다.

→ Air pollution _____ many problems.

❸ 이 식당은 사람들로 가득 차 있다.

→ This restaurant is _____ of people.

Work Experience

Lily lay on her bed and **put on** a new VR headset. The screen showed a **list** of **different** jobs. She could **experience** one of the jobs.

Lily chose a firefighter. She wanted to see a firefighter **shoot** water from a fire engine. The movie **began**. But there was no fire. The firefighter kept cleaning his tools. Lily was **bored**.

She chose another ⓐ one, and a new movie began. There were many books, a desk with a computer, a notebook, a pen, and a cup of hot chocolate. She also saw a man, and he was typing at his desk. Lily thought, "It looks like a perfect job! I want to be _____(A)_____!"

●● ● **주요 단어와 표현**

lie(- lay) 눕다   headset 헤드셋   screen 화면   choose(- chose) 선택하다, 고르다   firefighter 소방관   fire engine 소방차   movie 영화   fire 화재   keep(- kept) 계속하다   tool 도구   another 다른   notebook 공책, 노트   a cup of 한 잔의   hot chocolate 핫초코, 코코아   type 타자 치다   look like ~처럼 보이다   perfect 완벽한

1 이 글의 알맞은 제목을 고르세요.

중심
생각

① 소방관의 하루   ② 완벽한 직업의 조건

③ 가상현실 직업 체험   ④ 가상현실 기술의 발달

2 글의 내용과 맞는 것에는 ○표, 틀린 것에는 ✕표 하세요.

세부
내용

(a) VR 헤드셋은 다양한 직업을 보여 주었다.   _____

(b) Lily는 불을 *끄는* 소방관을 보았다.   _____

(c) VR 속 소방관은 도구를 계속 청소했다.   _____

3 밑줄 친 ⓐ one이 가리키는 것으로 알맞은 것을 고르세요.

세부
내용

① 직업   ② 화면   ③ VR 헤드셋   ④ 도구

4 Lily가 두 번째 직업을 체험하면서 보지 <u>못한</u> 것을 고르세요.

세부
내용

① 컴퓨터   ② 안경   ③ 공책   ④ 남자

5 글의 빈칸 (A)에 들어갈 말로 가장 알맞은 것을 고르세요.

빈칸
추론

① a doctor   ② a cook   ③ a painter   ④ a writer

STEP 2
Build Up   아래 상자를 알맞게 연결하세요.

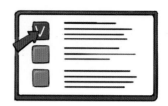

1 Lily put on a VR headset.

2 Lily wanted to see a firefighter shoot water from a fire engine.

3 Lily chose another job.

(A) Then she chose a firefighter movie.

(B) In the new movie, a man was typing at his desk.

(C) But there was no fire.

STEP 3
Sum Up   빈칸에 알맞은 단어를 <보기>에서 찾아 쓰세요.

보기	bored firefighter perfect chose put on

Lily lay on her bed and ⓐ _____ a new VR headset.

↓

She ⓑ _____ one of the jobs on the list.

↓

She chose a ⓒ _____ , but soon she was ⓓ _____ .

↓

She chose another one, and the job was ⓔ _____ for her.

Look Up

A 아래 그림에 알맞은 단어를 고르세요.

① ☐ list   ② ☐ bored   ③ ☐ shoot
   ☐ screen   ☐ perfect   ☐ choose

B 주어진 단어의 알맞은 우리말 뜻을 찾아 연결하세요.

① put on   •   • 타자 치다

② lie   •   • 체험; 체험하다

③ experience   •   • ~을 착용하다

④ type   •   • 눕다

C 우리말 해석에 맞도록 <보기>에서 알맞은 단어를 골라 빈칸에 쓰세요.

> **보기**   list   began   different

① 나는 많은 여러 종류의 케이크를 샀다.

→ I bought many _____ kinds of cake.

② 그녀는 쇼핑 목록을 만드는 중이다.

→ She is making a shopping _____ .

③ 그는 5세 때 기타를 연주하기 시작했다.

→ He _____ to play the guitar at five.

04 Interesting Jobs

There are many interesting **jobs** around the world. Snake milkers **grab** the snake's head and collect poison from it. Why would they do such a _____(A)_____ job? They get the poison for scientists. Scientists need snake poison for making medicine.

Does that job **sound** too **tough**? Then how about a water slide tester? Water slide testers go down the slide and **check** its safety. The job may sound fun, but it can be _____(B)_____. The testers sometimes get **hurt**.

In Amsterdam, people love riding bicycles. But they often **throw away** old bicycles in rivers. Bicycle fishers take boats and fish out 14,000 old bikes every year!

●● **주요 단어와 표현**

snake milker 스네이크 밀커, 뱀독 채취가   poison 독   such 그런, 그러한   medicine 약   how about ~? ~은 어때?
slide 미끄럼틀 *water slide 워터 슬라이드   tester 검사자   may ~일지도 모른다   fun 재미있는   sometimes 가끔
*often 자주   Amsterdam 암스테르담 ((네덜란드의 수도))   ride 타다   fisher 낚시꾼   take 타다, 타고 가다   fish out
(물속에서) 꺼내다, 빼내다

Check Up

1 이 글의 알맞은 제목을 고르세요.

중심
생각

① 새로운 직업의 탄생   ② 직업을 구하는 방법

③ 세계의 특이한 직업   ④ 세계에서 가장 위험한 직업

2 글에서 소개된 직업이 <u>아닌</u> 것을 고르세요.

세부
내용

① 스네이크 밀커   ② 워터 슬라이드 검사자

③ 사이클 선수   ④ 자전거 낚시꾼

3 글의 내용과 <u>틀린</u> 것을 고르세요.

세부
내용

① 스네이크 밀커는 뱀의 머리를 잡아서 독을 빼낸다.

② 과학자들은 연구용으로만 뱀독을 사용한다.

③ 워터 슬라이드 검사자는 슬라이드를 타면서 안전성을 확인한다.

④ 자전거 낚시꾼은 보트를 타고 자전거를 꺼낸다.

4 글의 빈칸 (A)와 (B)에 공통으로 들어갈 말로 가장 알맞은 것을 고르세요.

빈칸
추론

① safe   ② old   ③ perfect   ④ dangerous

5 글에 등장하는 단어로 빈칸을 채워 보세요.

중심
생각

> Snake milkers, water slide testers, and bicycle fishers have _____ⓐ_____ jobs but the jobs can be dangerous. For example, water slide testers get _____ⓑ_____ sometimes.

ⓐ : _____   ⓑ : _____

Build Up

글을 읽고, 빈칸에 <보기>의 단어를 채워 아래 직업의 특징을 완성하세요.

보기   fishers   scientists   collect   check   bikes

Snake milkers

• a _____
snake poison.
• get the poison for
b _____.

Water slide testers

• go down the slide
and c _____
its safety.

Bicycle
d _____

• fish out old
e _____.

Sum Up

빈칸에 알맞은 단어를 <보기>에서 찾아 쓰세요.

보기   sound   go down   fish   interesting

There are many a _____ jobs. Snake milkers collect snake

poison for scientists. Water slide testers b _____ the slide and

check its safety. In Amsterdam, bike fishers c _____ out bikes

from rivers. These jobs may d _____ interesting, but they can be

tough sometimes.

Look Up

A 아래 그림에 알맞은 단어를 고르세요.

 ❶

 ❷

 ❸

☐ fish out
☐ throw away

☐ grab
☐ ride

☐ hurt
☐ dangerous

B 주어진 단어의 알맞은 우리말 뜻을 찾아 연결하세요.

❶ such •　　　　　 • 힘든, 어려운

❷ job •　　　　　 • 그런, 그러한

❸ medicine •　　　　　 • 약

❹ tough •　　　　　 • 직업, 일

C 우리말 해석에 맞도록 <보기>에서 알맞은 단어를 골라 빈칸에 쓰세요.

보기	sounds　　threw away　　checks

❶ 그 정비공은 자신의 장비를 매일 점검한다.

→ The mechanic _____ his tools every day.

❷ 그 영화는 지루한 것 같다.

→ The movie _____ boring.

❸ 우리는 어제 쓰레기를 전부 버렸다.

→ We _____ all our trash yesterday.

Culture

LITERATURE 01

전 세계의 사람들은 각각 다른 피부색을
가지고 있지만, 피부색과 상관 없이
모두 아름다워요.

The Colors of Us

dark	형 (눈·머리가·피부가) 어두운, 검은
color	명 색
take out (- took out)	데리고 나가다
playground	명 놀이터
see (- saw)	동 보다
walk (- walked)	동 걷다
get (- got)	동 1 도착하다 2 (어디에서) 가져오다 3 얻다, 구하다

LITERATURE 02

우리만의 행성을 만들 수 있다면 어떨까요?
여러분이 만들고 싶은 행성을 한번 상상해
보아요.

Welcome to My Planet!

imagine (- imagined)	동 상상하다
only	형 (오직) ~만의
planet	명 행성
under	전 1 (나이 등이) ~ 미만의 2 (위치가) ~ 아래에
between	전 ~ 사이에
come from (- came from)	~ 출신이다, ~에서 오다
place	명 곳, 장소
language	명 언어

VOCA

ORIGIN (03)

10월 31일, 핼러윈(Halloween)에는 맛있는 사탕을 먹고 분장을 해요. 초기의 핼러윈은 지금과는 매우 달랐답니다.

CULTURE (04)

태극기의 흰색은 밝음과 순수를 상징한답니다. 다른 나라에선 흰색이 무엇을 상징할까요?

Halloween

celebrate (- celebrated)	통 기념하다
slowly	부 서서히, 천천히
come out (- came out)	나오다
keep away (- kept away)	~을 멀리하다, 가까이하지 않다
near	형 가까운
dress (- dressed)	통 옷을 입다 / 명 드레스, 원피스
for fun	재미로
use (- used)	통 쓰다, 사용하다

White and Orange

show (- showed)	통 1 (감정, 태도 등을) 나타내다, 보이다 2 보여 주다
desert	명 사막
link	명 관련, 관련성
joy	명 기쁨, 환희
think of (- thought of)	~을 생각하다, 머리에 떠올리다
come to mind (- came to mind)	생각이 떠오르다
harvest	명 (작물의) 수확, 추수

The Colors of Us

I have **dark** skin, like cinnamon. Mom teaches me about **colors**. She says, "Mixing red, yellow, black, and white will make the right brown." Then she **takes** me **out** to the **playground**.

In the playground, we **see** my friends. Sophia over there has light yellow-brown skin. Izzy's skin is chocolate brown, and Lena has fair skin. Then when we **walk** to the park, we see other people with different skin colors.

When we **get** home, I **get** my paints. I think about the people in the playground and the park. I paint everyone. The colors of us are _____(A)_____, but beautiful.

●● **주요 단어와 표현**

skin 피부   cinnamon 계피   teach 가르치다   mix 섞다   right 맞는, 알맞은   over there 저쪽에   light 연한
yellow-brown 황갈색(의)   chocolate brown 초콜릿 갈색   fair 흰 피부의   other 다른   skin color 피부색   paint
물감; (그림물감으로) 그리다   think about ~에 대해 생각하다   everyone 모두   different 다른; 다양한   beautiful 아름
다운

Check Up

1

중심
생각

이 글의 알맞은 제목을 완성하세요.

우리의 다양한 _____

① 취미   ② 피부색   ③ 친구   ④ 물감

2

세부
내용

갈색을 만드는 데 필요한 색으로 글에 <u>없는</u> 것을 고르세요.

① 흰색   ② 노란색   ③ 주황색   ④ 빨간색

3

세부
내용

글에 등장하는 인물과 피부색이 <u>잘못</u> 연결된 것을 고르세요.

① I – 계피색   ② Sophia – 연한 황갈색
③ Izzy – 초콜릿 갈색   ④ Lena – 황갈색

4

빈칸
추론

글의 빈칸 (A)에 들어갈 말로 가장 알맞은 것을 고르세요.

① same   ② dark   ③ right   ④ different

5

중심
생각

글에 등장하는 단어로 빈칸을 채워 보세요.

We have different _____ⓐ_____ colors, but we are all _____ⓑ_____.

ⓐ : _____   ⓑ : _____

Build Up 그림에 알맞은 문장을 연결하고, 이야기 순서에 맞게 빈칸에 번호를 쓰세요.

(A) We see many people with different skin colors.

(B) I think about the people and their skin colors and paint them.

(C) My mom takes me out to the playground.

(D) My mom teaches me about colors.

$$\boxed{1} \rightarrow \boxed{} \rightarrow \boxed{} \rightarrow \boxed{}$$

 Sum Up 빈칸에 알맞은 단어를 <보기>에서 찾아 쓰세요.

| 보기 | different   took   got   beautiful   saw |

May 10th

Today, my mom ⓐ _____ me out to the playground and the park. We ⓑ _____ my friends and other people. They all had ⓒ _____ skin colors. When I came home, I ⓓ _____ my paints and painted everyone from the playground and the park. The colors of us are different, but ⓔ _____.

Look Up

A 아래 그림에 알맞은 단어를 고르세요.

❶

❷

❸

❶
- ☐ color
- ☐ skin

❷
- ☐ dark
- ☐ fair

❸
- ☐ walk
- ☐ teach

B 주어진 단어의 알맞은 우리말 뜻을 찾아 연결하세요.

❶ right •

❷ take out •

❸ see •

❹ mix •

• 보다

• 섞다

• 맞는, 알맞은

• 데리고 나가다

C 우리말 해석에 맞도록 <보기>에서 알맞은 단어를 골라 빈칸에 쓰세요.

보기	dark get playground

❶ 너는 몇 시에 여기에 도착할 수 있니?

→ What time can you _____ here?

❷ 대부분의 한국인은 검은 눈을 가지고 있다.

→ Most Koreans have _____ eyes.

❸ 남자아이들이 놀이터에서 놀고 있다.

→ The boys are playing in the _____.

Welcome to My Planet!

There are about 7.8 billion people around the world. In today's class, my teacher said, "**Imagine** this. There are **only** 100 people on Earth. Create your own **planet**." So I started thinking about it. And here is my planet:

Fifty out of a hundred are male, and the other fifty are female. There are twenty-five people **under** the age of 14 and sixty-six people **between** 15 and 64. The rest are 65 and older. We **come from** different **places**. Sixty people come from Asia, sixteen people come from Africa, and ⓐ the rest come from Europe, Latin America, and North America. We have different cultures and **languages**. Every one of us is unique.

●● **주요 단어와 표현**

Welcome to ~! ~에 오신 것을 환영합니다!   about 약, 대략   billion 10억   around the world 전 세계적으로   Earth 지구   create 만들어 내다, 창조하다   own 자신의   out of ~ 중에서   hundred 백, 100   male 남자의   *female 여자의   other (그 밖의) 다른   age 나이   rest 나머지 (사람들)   culture 문화   unique 독특한

1 이 글의 알맞은 제목을 고르세요.

중심
생각

① 감소하는 세계 인구   ② 나만의 지구 만들기

③ 살기 좋은 지구의 조건   ④ 지구의 다양한 문화

2 글쓴이 'I'가 생각한 지구의 모습이 <u>아닌</u> 것을 고르세요.

세부
내용

① 남녀 각각 50명이다.

② 14세 이하는 25명이다.

③ 60명이 아시아 출신이다.

④ 모두 같은 언어를 사용한다.

3 밑줄 친 ⓐ the rest가 가리키는 인원수를 고르세요.

내용
응용

① 16명   ② 24명   ③ 40명   ④ 60명

4 글에 등장하는 단어로 빈칸을 채워 보세요.

중심
생각

> People on my planet have different _____ⓐ_____ and languages, and every one of them is _____ⓑ_____ .

ⓐ : _____   ⓑ : _____

STEP 2 Build Up

글을 읽고, 빈칸에 <보기>의 단어를 채워 글쓴이 'I'의 지구에 대한 설명을 완성하세요.

보기   between   rest   come   Africa   under

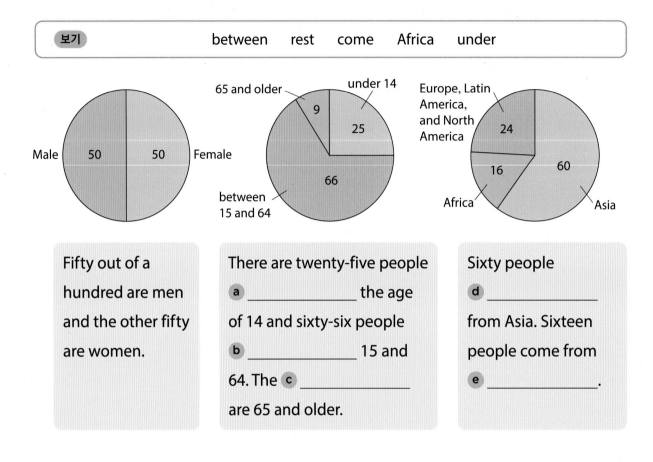

Fifty out of a hundred are men and the other fifty are women.

There are twenty-five people **a** _____ the age of 14 and sixty-six people **b** _____ 15 and 64. The **c** _____ are 65 and older.

Sixty people **d** _____ from Asia. Sixteen people come from **e** _____.

STEP 3 Sum Up

빈칸에 알맞은 단어를 <보기>에서 찾아 쓰세요.

보기   languages   male   planet   places   imagine

Today, my teacher said, " **a** _____ this. There are only 100 people on Earth. Create your own **b** _____." On my planet, fifty out of a hundred are **c** _____, and the rest are female. Also everyone comes from different **d** _____. Most of them come from Asia, and some come from Africa, and the rest come from Europe and other places. The people on my planet have different cultures and **e** _____.

56 왓츠 리딩 90 Ⓐ

Look Up

A 아래 그림에 알맞은 단어를 고르세요.

❶ 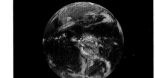   ❷   ❸

- ☐ planet
- ☐ culture

- ☐ under
- ☐ between

- ☐ imagine
- ☐ come from

B 주어진 단어의 알맞은 우리말 뜻을 찾아 연결하세요.

❶ place   •

❷ rest   •

❸ unique   •

❹ create   •

• 만들어 내다

• 독특한

• 나머지 (사람들)

• 장소, 곳

C 우리말 해석에 맞도록 <보기>에서 알맞은 단어를 골라 빈칸에 쓰세요.

> 보기   under   languages   only

❶ 그는 영어와 중국어 두 가지 언어로 말할 수 있다.

→ He can speak two _____ : English and Chinese.

❷ 5세 미만 아이들은 무료로 식사한다.

→ Children _____ the age of 5 eat free.

❸ 나는 지갑에 겨우 3달러만 있다.

→ I have _____ three dollars in my wallet.

Halloween

In the past, people in Britain **celebrated** *Hallowmas, a three-day festival between October 31 and November 2. So October 31 was All Hallows' Eve. All Hallows' Eve **slowly** changed to Halloween.

At that time, people believed ghosts **came out** in the winter. In November, people tried to **keep** the ghosts **away** because winter was **near**. They made special lanterns out of pumpkins. People also **dressed** like witches and ghosts. They thought that looking like ghosts was safer.

Today, people still do those things, but just **for fun**. They also **use** black and orange decorations for Halloween. Black means dark nights and death, and orange means fall vegetables.

*Hallowmas 만성절 ((모든 성인(聖人)들을 기리는 날, 11월 1일))

●● ● **주요 단어와 표현**

past 과거, 지난날   Britain 영국   festival 축제   eve 전날, 전날 밤   change(- changed) 바뀌다   believe(- believed) 믿다   ghost 유령, 귀신   make A out of B(- made A out of B) B로 A를 만들다   special 특별한   lantern 랜턴 pumpkin 호박   witch 마녀   think(- thought) 생각하다   safe 안전한   still 여전히   just 단지   decoration 장식 mean 의미하다   death 죽음

1 이 글은 무엇에 대해 설명하는 내용인가요?

중심
생각

① 핼러윈의 기원   ② 핼러윈에 먹는 음식

③ 핼러윈을 즐기는 나라들   ④ 핼러윈을 장식하는 방법

2 글의 내용과 맞는 것에는 〇표, 틀린 것에는 ✕표 하세요.

세부
내용

(a) 핼러윈은 원래 All Hallows' Eve였다.   _____

(b) 과거에 사람들은 겨울에 유령이 나온다고 믿었다.   _____

(c) 핼러윈에 호박으로 음식을 만들어 나누어 먹었다.   _____

3 핼러윈 장식의 검은색이 의미하는 것을 <u>모두</u> 고르세요.

세부
내용

① 유령   ② 어두운 밤   ③ 죽음   ④ 가을 채소

4 글에 등장하는 단어로 빈칸을 채워 보세요.

세부
내용

People in Britain made special _____ⓐ_____ out of pumpkins to keep the ghosts away. They also _____ⓑ_____ like witches because they thought it was safer.

ⓐ : _____   ⓑ : _____

STEP 2

Build Up 주어진 질문에 알맞은 대답을 연결하세요.

Question | 질문

1 What date is Halloween?

2 What was Halloween called before?

3 How do people today celebrate the day?

4 Why did people start dressing like ghosts?

Answer | 대답

(A) It was called All Hallows' Eve.

(B) They wanted to be safe from ghosts.

(C) They use black and orange decorations and dress like witches and ghosts for fun.

(D) It is October 31.

 STEP 3

Sum Up 핼러윈의 과거와 오늘을 빈칸에 <보기>의 단어를 채워 완성하세요.

보기   safer   fun   black   came out

The Past

• People believed that ghosts ⓐ _____ in the winter.

• They thought that looking like witches and ghosts was ⓑ _____ .

Today

• People dress like witches and ghosts just for ⓒ _____ .

• They use ⓓ _____ and orange decorations.

Look Up

A 아래 그림에 알맞은 단어를 고르세요.

❶

❷

❸

☐ change
☐ celebrate

☐ witch
☐ pumpkin

☐ look like
☐ come out

B 주어진 단어의 알맞은 우리말 뜻을 찾아 연결하세요.

❶ near ·   · 쓰다, 사용하다

❷ use ·   · ~을 멀리하다

❸ for fun ·   · 재미로

❹ keep away ·   · 가까운

C 우리말 해석에 맞도록 <보기>에서 알맞은 단어를 골라 빈칸에 쓰세요.

> 보기   dress   came out   slowly

❶ 비가 그치고 해가 나왔다.

→ The rain stopped, and the sun   .

❷ 한국의 날씨는 천천히 바뀌고 있다.

→ The weather in Korea is   changing.

❸ 너는 학교에 가기 위해 서둘러 옷을 입어야 해.

→ You should hurry and   for school.

White and Orange

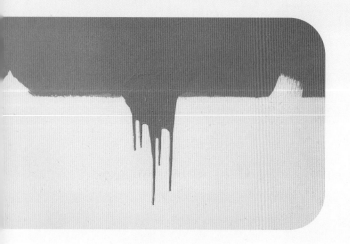

Brides wear white dresses to **show** purity. Wearing white started more than 2,000 years ago. In the **deserts** of the Middle East, white has a **link** with milk. Because camel milk is an important food, white is the color of thanks and **joy**. But white can also mean something ____(A)____. In many cultures, it's the color of death and ghosts.

When you **think of** Halloween, what color first **comes to mind**? Orange may be the first. In Western cultures, orange means fall and **harvest**. Orange also means something holy in Southeast Asia. *Buddhist monks wear orange robes. In sports, you'll see Dutch players in orange uniforms. Orange is the color of the royal family in the Netherlands.

*Buddhist monk 불교 수도승

● ● ● 주요 단어와 표현

bride 신부   purity 순수함   the Middle East 중동   camel 낙타   important 중요한   thanks 감사   something 어떤 것   Western 서양의   holy 성스러운, 신성한   Southeast Asia 동남아시아   robe 법복; 예복   Dutch 네덜란드(인)의 *the Netherlands 네덜란드   uniform (선수의) 유니폼   royal 왕실의 *royal family 왕족, 왕가

Check Up

1
중심
생각

이 글은 무엇에 대해 설명하는 내용인가요?

① 나라별로 좋아하는 색 ② 문화마다 다른 색의 의미

③ 문화 차이를 극복하는 방법 ④ 하얀 웨딩드레스의 역사

2
세부
내용

글의 내용과 맞는 것에는 ○표, 틀린 것에는 ✕표 하세요.

(a) 2,000년 전 사람들은 흰색 옷을 입지 않았다.　　　　　_____

(b) 중동 사막에서 흰색은 우유와 관련 있다.　　　　　_____

(c) 동남아시아에서 주황색은 신성함을 의미한다.　　　　　_____

3
세부
내용

글에 등장한 색과 상징하는 것이 잘못 연결된 것을 고르세요.

① 흰색 – 순수함 ② 흰색 – 죽음

③ 주황색 – 감사 ④ 주황색 – 가을

4
빈칸
추론

글의 빈칸 (A)에 들어갈 말로 가장 알맞은 것을 고르세요.

① bad　　　　② warm　　　　③ royal　　　　④ important

5
세부
내용

글에 등장하는 단어로 빈칸을 채워 보세요.

White means thanks and _____ ⓐ _____ in the Middle East, and orange means _____ ⓑ _____ and harvest in Western cultures.

ⓐ : _____　　　　ⓑ : _____

STEP 2
Build Up   글을 읽고, 빈칸에 <보기>의 단어를 채워 아래 표를 완성하세요.

보기   holy   death   harvest   joy

White is the color of

purity, thanks and **a** _____, but also **b** _____ and ghosts.

Orange is the color of

fall and **c** _____, something **d** _____, or the Dutch royal family.

STEP 3
Sum Up   빈칸에 알맞은 단어를 <보기>에서 찾아 쓰세요.

보기   Halloween   link   wear   uniforms   dresses

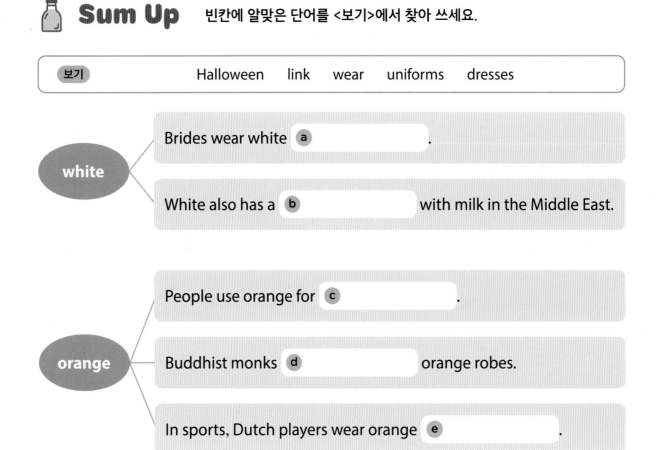

white

Brides wear white **a** _____.

White also has a **b** _____ with milk in the Middle East.

orange

People use orange for **c** _____.

Buddhist monks **d** _____ orange robes.

In sports, Dutch players wear orange **e** _____.

Look Up

A 아래 그림에 알맞은 단어를 고르세요.

①  ②  ③

☐ link   ☐ desert   ☐ robe

☐ harvest   ☐ bride   ☐ uniform

B 주어진 단어의 알맞은 우리말 뜻을 찾아 연결하세요.

① camel   •   • ~을 생각하다

② important   •   • 성스러운, 신성한

③ think of   •   • 낙타

④ holy   •   • 중요한

C 우리말 해석에 맞도록 <보기>에서 알맞은 단어를 골라 빈칸에 쓰세요.

> 보기   link   joy   shows

① 그녀의 책은 아이들에게 기쁨을 가져다준다.

  → Her books bring _____ to children.

② 빨간색은 보통 사랑과 열정을 나타낸다.

  → The color red usually _____ love and passion.

③ 새는 자유와 관련이 있다.

  → Birds have a _____ with freedom.

CHAPTER 4 Tales

ORIGIN 01

옛날 사람들이 과학적으로 설명할 수 없는 자연현상을 신의 뜻이라 해석한 이야기를 '신화'라고 해요.

Stories about Gods

explain (- explained)	图 설명하다
nature	명 자연
make up (- made up)	지어[만들어] 내다
power	명 권력, 힘
control (- controlled)	명 통제, 제어 동 통제하다, 지배하다
example	명 예, 보기, 예시 *For example 예를 들어
anger	명 분노, 화

MYTH 02

자신의 능력에 맞지 않는 결과를 고집하여 최후를 맞게 된 이카루스의 이야기를 읽어 보아요.

Flying High with Wings

build (- built)	동 짓다, 건설하다
however	부 하지만, 그러나
anybody	대 아무도
a lot of	많은
high	부 높이
melt (- melted)	동 (열 때문에) 녹다, 녹이다
fall (- fell)	동 빠지다, 떨어지다

ORIGIN 03

신화나 전설은 모두 설화에 속해요. 하지만
전설은 신화와 조금 다르답니다.

Stories with Facts

similar	휑 비슷한, 유사한 *similar to ~와 비슷한
important	휑 중요한
true	휑 사실인, 맞는
real	휑 진짜의, 현실의, 실제의
fact	몡 사실, (실제로 일어난) 일
poor	휑 가난한 *the poor 가난한 사람들
band	몡 1 (함께 어울려 다니는) 무리 2 (음악) 밴드 *a band of ~의 무리

MYTH 04

태백산의 구문소는 강물이 산을 뚫고
지나가며 돌문을 만들고 아래에 큰 물웅덩이
가 생겼다는 뜻이에요. 이곳과 관련된
여러 전설이 있답니다.

A King's Gift

fish (- fished)	동 낚시하다 몡 물고기, 어류
dead	휑 죽은
steal (- stole)	동 훔치다, 도둑질하다
forgiveness	몡 용서
forgive (- forgave)	동 용서하다
follow (- followed)	동 따라가다
life	몡 생명, 목숨

 Stories about Gods

A myth is usually a story about gods. A long time ago, people couldn't **explain** many things about **nature** or history. When something mysterious happened, people believed a god did it. People **made up** stories and told them to their children. The children grew up and told the same stories to their children.

All cultures have myths. Stories about the Greek and Roman gods are myths, too. In myths, gods have **power** and **control** over humans or nature. **For example**, in Greek myths, Zeus **controlled** lightning and storms. Zeus would show his **anger** with storms. Another example is the god Atum. In Egyptian myths, he was the creator of the world and father of the gods.

●● **주요 단어와 표현**

about ~에 대한   myth 신화   usually 대개, 보통   history 역사   mysterious 불가사의한, 신비한   believe(- believed) 믿다   tell(- told) 전하다   children 자식들, 아이들   grow up(- grew up) 성장하다   culture 문화   Greek 그리스의   Roman 로마의   another 또 하나의   Egyptian 이집트의   creator 창조자

Check Up

1 이 글은 무엇에 대해 설명하는 내용인가요?

중심
생각

신화의 _____

① 나라별 특징   ② 다양한 유래

③ 탄생 배경과 예시   ④ 구성과 역사

2 신화에 대해 글의 내용과 맞는 것에는 ○표, **틀린** 것에는 ✕표 하세요.

세부
내용

(a) 사람들이 지어낸 이야기이다.   _____

(b) 사람들의 입에서 입으로 전해졌다.   _____

(c) 일부 문화에서만 존재한다.   _____

3 Atum에 대한 설명으로 **틀린** 것을 고르세요.

세부
내용

① 번개와 폭풍을 통제했다.   ② 이집트 신화에 등장한다.

③ 세계를 창조했다.   ④ 신들의 아버지였다.

4 글에 등장하는 단어로 빈칸을 채워 보세요.

중심
생각

A myth is usually a story about _____ ⓐ _____ , and all _____ ⓑ _____ have myths.

ⓐ : _____   ⓑ : _____

Build Up   주어진 질문에 알맞은 대답을 연결하세요.

Question | 질문

Answer | 대답

1 What is a myth?

2 Why did people make up stories?

3 What are the examples of myths?

(A) People couldn't explain many things about nature or history. They believed gods did those things.

(B) In Greek myths, Zeus controlled lightning. Atum was the creator of the world in Egyptian myths.

(C) It's a story about gods. Every culture has myths.

Sum Up   빈칸에 알맞은 단어를 <보기>에서 찾아 쓰세요.

보기   control   humans   happened   storms   told

A long time ago, when something mysterious **a** _____, people believed a god did it. They made up stories and **b** _____ them to their children. In myths, gods have power and **c** _____ over **d** _____ or nature. For example, in Greek myths, Zeus controlled lightning and **e** _____.

A 아래 그림에 알맞은 단어를 고르세요.

 ❶

 ❷

 ❸

☐ nature   ☐ believe   ☐ make up

☐ anger   ☐ explain   ☐ grow up

B 주어진 단어의 알맞은 우리말 뜻을 찾아 연결하세요.

❶ example   •   • 불가사의한

❷ power   •   • 역사

❸ mysterious •   • 예, 보기

❹ history   •   • 권력, 힘

C 우리말 해석에 맞도록 <보기>에서 알맞은 단어를 골라 빈칸에 쓰세요.

> 보기   anger   control   made up

❶ 그는 아이들을 위해 이야기를 만들어 냈다.

→ He _____ stories for the children.

❷ Jenny는 화가 나서 얼굴이 빨개졌다.

→ Jenny's face turned red with _____.

❸ 그 훈련사는 그 개를 통제할 수 있었다.

→ The trainer had _____ over the dog.

Flying High with Wings

A famous engineer, Daedalus, **built** a maze in King Minos' palace. **However**, Minos didn't want **anybody** to know about the maze. So he kept Daedalus and his son, Icarus, in the maze. Daedalus knew King Minos controlled all exits by land and sea. ⓐ He decided to fly instead to escape from the maze. He gathered **a lot of** bird feathers. He made four wings with wax.

Daedalus warned Icarus about the wings. ⓑ He said that they shouldn't fly too **high** and close to the sun. When they started to fly, Icarus forgot ⓒ his father's warning. ⓓ He flew toward the sun. The sun was very hot, _____(A)_____ the wax **melted**. Icarus **fell** into the sea.

●● **주요 단어와 표현**

engineer 기술자   maze 미로   palace 궁전, 궁   keep(- kept) 가두다, 감금하다   exit 출구   land 육지, 땅   decide to (- decided to) ~하기로 결심하다   fly(- flew) 날다   instead 대신에   escape from ~에서 달아나다   gather(- gathered) 모으다   feather 깃털   wax 밀랍, 왁스   warn(- warned) 경고하다 *warning 경고   close 가까이   forget(- forgot) 잊다   toward ~을 향하여, ~쪽으로

1

중심
생각

이 글의 알맞은 제목을 고르세요.

① Daedalus의 충고   ② Daedalus의 무모한 비행

③ Minos 왕의 복잡한 미로   ④ Daedalus와 Icarus의 위험한 미로 탈출

2

세부
내용

Daedalus에 대해 글의 내용과 <u>틀린</u> 것을 고르세요.

① Minos 왕의 궁전에 미로를 지었다.

② 육지와 바다로 통하는 모든 출구를 통제했다.

③ 새의 깃털과 밀랍으로 날개를 만들었다.

④ Icarus에게 날개에 대해 경고했다.

3

세부
내용

글의 밑줄 친 ⓐ ~ ⓓ 중 가리키는 대상이 <u>다른</u> 것을 고르세요.

① ⓐ   ② ⓑ   ③ ⓒ   ④ ⓓ

4

빈칸
추론

글의 빈칸 (A)에 들어갈 말로 가장 알맞은 것을 고르세요.

① but   ② so   ③ when   ④ because

5

세부
내용

글에 등장하는 단어로 빈칸을 채워 보세요.

> Icarus _____ⓐ_____ his father's warning, so he _____ⓑ_____ into the sea.

ⓐ : _____   ⓑ : _____

STEP 2
Build Up
주어진 원인에 알맞은 결과를 연결하세요.

Cause | 원인

Effect | 결과

1 King Minos didn't want anybody to know about the maze.

2 King Minos controlled all exits by land and sea.

3 Icarus forgot his father's warning and flew too close to the sun.

(A) The wings' wax melted, and he fell into the sea.

(B) He kept Daedalus and his son in the maze.

(C) Daedalus decided to fly to escape from the maze. He gathered bird feathers and made four wings.

STEP 3
Sum Up
이야기 순서에 맞게 빈칸에 번호를 쓰세요.

1 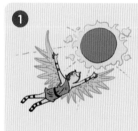 When Icarus started to fly, he forgot about Daedalus' warning and flew too high.

2  The sun was too hot, so the wax melted. Icarus fell into the sea.

3  Daedalus warned his son about flying too high.

4  Daedalus wanted to leave King Minos' maze. He made wings with bird feathers and wax.

Look Up

A 아래 그림에 알맞은 단어를 고르세요.

①

☐ build
☐ melt

②

☐ exit
☐ maze

③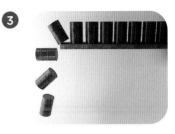

☐ fall
☐ keep

B 주어진 단어의 알맞은 우리말 뜻을 찾아 연결하세요.

① however ·   · 잊다

② anybody ·   · 하지만

③ warn   ·   · 아무도

④ forget ·   · 경고하다

C 우리말 해석에 맞도록 <보기>에서 알맞은 단어를 골라 빈칸에 쓰세요.

| 보기 | high   built   a lot of |

① 그는 자신의 아들을 위해 나무집을 지었다.

→ He _____ a tree house for his son.

② 코끼리는 매일 많은 물을 마신다.

→ Elephants drink _____ water every day.

③ 그 연은 하늘 높이 날았다.

→ The kite flew _____ in the sky.

03 Stories with Facts

Legends are very old stories. They are very **similar to** myths. People made up and told stories to their children and their grandchildren, just like myths. But legends are usually about **important** places or famous people in history. People believed legends were **true** because **real** places were in the stories.

Legends are based on **facts**, but they are not always true. Some legends are stories about real people; others are not. For example, there was a real Robin of *Loxley (Robin Hood), and he helped **the poor**. But he didn't have **a band of** robbers. Most of the stories about him are not ____(A)____.

*Loxley 록슬리 ((영국 남요크셔 지역에 있는 한 마을))

● ● 주요 단어와 표현

legend 전설   grandchildren 손주들 ((grandchild의 복수형))   famous 유명한   are[is] based on ~에 근거하다
always 항상   help(- helped) 돕다   robber 강도   most of ~의 대부분

Check Up

1
중심
생각

이 글의 알맞은 제목을 완성하세요.

전설의 _____

① 중요성 　　　　　　　② 특징과 예시

③ 실제 장소와 사람들 　　④ Robin Hood

2
세부
내용

전설에 대해 글의 내용과 <u>틀린</u> 것을 고르세요.

① 신화처럼 입에서 입으로 전해졌다. 　② 역사 속 유명한 인물들에 대한 것이다.

③ 이야기에 실제 장소가 나오지 않는다. 　④ 실제에 근거한 이야기들이다.

3
세부
내용

글을 읽고 대답할 수 <u>없는</u> 질문을 고르세요.

① How are legends similar to myths?

② Why did people believe legends were true?

③ Where did Robin Hood come from?

④ How did Robin Hood become a robber?

4
빈칸
추론

글의 빈칸 (A)에 들어갈 말로 가장 알맞은 것을 고르세요.

① true 　　　② famous 　　　③ similar 　　　④ important

5
중심
생각

글에 등장하는 단어로 빈칸을 채워 보세요.

Legends are based on _____ⓐ_____, but they are not always _____ⓑ_____.

ⓐ : _____ 　　　　　ⓑ : _____

Build Up   빈칸에 <보기>의 단어를 채워 질문과 대답을 완성하세요.

보기	history children important true

Question 1
What are legends?

Answer 1
They are old stories about ⓐ _____ places or famous people in ⓑ _____ .

Question 2
How do we know legends?

Answer 2
Like myths, people told stories to their ⓒ _____ and grandchildren.

Question 3
Are legends true?

Answer 3
They are based on facts. But they are not always ⓓ _____ .

Sum Up   빈칸에 알맞은 말을 <보기>에서 찾아 쓰세요.

보기	true the poor real myths example

Legends are very old stories like ⓐ _____ . People believed legends were ⓑ _____ because ⓒ _____ places were in the stories. But they are not always true. For ⓓ _____ , Robin Hood was a real person and helped ⓔ _____ , but he didn't work with a band of robbers.

Look Up

A 아래 그림에 알맞은 단어를 고르세요.

❶

❷

❸

☐ poor

☐ famous

☐ robber

☐ grandchildren

☐ true

☐ similar

B 주어진 단어의 알맞은 우리말 뜻을 찾아 연결하세요.

❶ band •

❷ fact •

❸ legend •

❹ real •

• 전설

• 진짜의, 실제의

• 무리

• 사실

C 우리말 해석에 맞도록 <보기>에서 알맞은 단어를 골라 빈칸에 쓰세요.

> 보기
>
> important   similar   poor

❶ 그 쌍둥이는 생김새가 매우 비슷하다.

→ The twins look very _____.

❷ 우리는 가난한 사람들을 도와야 한다.

→ We need to help the _____.

❸ 그는 팀에서 중요한 사람이다.

→ He is an _____ person of the team.

A King's Gift

A man fell into the water when he was **fishing**. He thought ⓐ <u>he</u> was **dead**. But when he opened his eyes, he was in an underwater palace. The guards believed that ⓑ <u>he</u> came to **steal** more fish, so they took him to the king. The man begged for the king's **forgiveness**. After three days, the king **forgave** him.

Then the king gave him a white puppy. ⓒ <u>He</u> also said, "**Follow** the puppy. It'll take you home." The man followed the puppy and finally arrived home. ⓓ <u>He</u> was very happy to see his family. But soon the puppy was _____(A)_____. The puppy gave its **life** to the man.

● ● ● **주요 단어와 표현**

think(- thought) 생각하다   open(- opened) (눈을) 뜨다   underwater palace 용궁   guard 경비, 보초   come (- came) 오다   take(- took) 데리고 가다   beg for(- begged for) ~을 구하다, 간청하다   give(- gave) 주다   puppy 강아지   home 집으로, 집에; 집   finally 마침내   arrive(- arrived) 도착하다   soon 곧

1 이 글의 알맞은 제목을 고르세요.

중심
생각

① 길 잃은 흰 강아지   ② 흰 강아지의 놀라운 능력

③ 용왕의 숨겨 놓은 보물   ④ 용궁에서 살아 돌아온 남자

2 글의 내용과 **틀린** 것을 고르세요.

세부
내용

① 용궁의 경비들은 남자를 용왕에게 데려갔다.

② 용왕은 남자를 용서했다.

③ 남자는 흰 강아지를 따라갔다.

④ 남자는 다시 가족을 만나지 못했다.

3 글의 밑줄 친 ⓐ ~ ⓓ 중 가리키는 대상이 **다른** 것을 고르세요.

세부
내용

① ⓐ   ② ⓑ   ③ ⓒ   ④ ⓓ

4 글의 빈칸 (A)에 들어갈 말로 가장 알맞은 것을 고르세요.

빈칸
추론

① sick   ② dead   ③ tired   ④ happy

5 글에 등장하는 단어로 빈칸을 채워 보세요.

세부
내용

The king _____ ⓐ _____ the man a white puppy, and the man _____ ⓑ _____ the puppy to his home.

ⓐ : _____   ⓑ : _____

Build Up 그림에 알맞은 문장과 연결하고, 이야기 순서에 맞게 번호를 쓰세요.

(A) The man followed the puppy to his family.

(B) The king forgave the man and gave a white puppy to him.

(C) The man begged for the king's forgiveness.

(D) The guards from the underwater palace took the man to the king.

 Sum Up 빈칸에 알맞은 말을 <보기>에서 찾아 쓰세요.

보기   life   steal   arrived   puppy   palace

A man fell into the water. When he opened his eyes, he was in an underwater

(a) _____ . The guards believed that he came to (b) _____

more fish, so they took him to the king. But the king forgave him and gave

him a white (c) _____ . The man followed the puppy and finally

(d) _____ home. But the puppy gave its (e) _____ to the

man.

A 아래 그림에 알맞은 단어를 고르세요.

 ❶  ❷  ❸

☐ take   ☐ fish   ☐ arrive

☐ think   ☐ open   ☐ follow

B 주어진 단어의 알맞은 우리말 뜻을 찾아 연결하세요.

❶ dead   •   • 용서

❷ guard   •   • 경비, 보초

❸ forgiveness •   • 마침내

❹ finally   •   • 죽은

C 우리말 해석에 맞도록 <보기>에서 알맞은 단어를 골라 빈칸에 쓰세요.

> 보기   lives   forgive   stole

❶ 내 실수들을 용서해주겠니?

→ Will you _____ me for my mistakes?

❷ 누군가 내 자전거를 훔쳐 갔어!

→ Someone _____ my bicycle!

❸ 그 소방관들은 많은 생명을 구했다.

→ The firefighters saved many _____ .

CHAPTER 5 Island

MYTH 01

진도에 있는 관매도에 가면 옥황상제의
손자국이 남아있는 돌을 볼 수 있어요.

Five Special Stones

stone	몡 돌, 돌멩이
heavy	혱 무거운
drop (- dropped)	통 떨어뜨리다, 떨어지다
earth	몡 1 땅, 대지 2 지구
strong	혱 힘센, 강한 *the strongest 가장 힘센
sound	몡 소리
forget (- forgot)	통 잊다, 잊어버리다
fall in love with (- fell in love with)	~와 사랑에 빠지다

ENVIRONMENT 02

우리가 생각 없이 버린 쓰레기들이 바다에
산더미 같이 쌓여 섬을 이루기도 해요.

Plastic Islands

island	몡 섬
garbage	몡 쓰레기
distance	몡 1 먼 거리, 먼 곳 2 거리 *from a distance 멀리서, 멀리 떨어져
actually	븜 실제로, 사실은
float (- floated)	통 1 (물 위에서) 떠 있다, 떠돌다 2 (가라앉지 않고 물에) 뜨다
ocean	몡 바다, 대양
piece	몡 조각, 부분 *pieces of ~의 조각들

MYTH
03

태양과 달을 각각 상징하는 아폴로와
아르테미스가 태어날 때 한 특별한 섬의
도움이 있었다고 해요.

Delos Island

give birth to (- gave birth to)	(아이를) 낳다
hide (- hid)	동 숨다
jealous	형 질투하는 *jealous of ~을 질투하는
allow (- allowed)	동 허락하다
order (- ordered)	동 명령하다
run away (- ran away)	달아나다
jump (- jumped)	동 뛰다, 뛰어오르다 *jump into ~에 뛰어들다

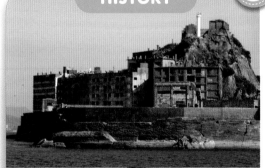

HISTORY
04

한국인들은 일본에 의해 하시마 섬에서 강제
노동을 해야만 했어요. 이 때문에 하시마
섬은 다양한 별명을 얻었답니다.

Prison Island

history	명 역사
company	명 회사
prison	명 감옥, 교도소
terrible	형 끔찍한, 소름 끼치는
have to (- had to)	~해야 한다
hour	명 시간
hundred	명 백, 100

01 Five Special Stones

A long time ago, a god had five special **stones**. One day, the god's daughter played with them, but they were too **heavy**. She **dropped** all of them to the **earth**.

The god wanted the stones back. So he sent the **strongest** man in the sky to the earth. When the man found the stones, he heard the **sound** of a *geomungo. It was very beautiful, so he **forgot** about his job. He never returned. The god sent two more men. But they also **fell in love with** the sound of a geomungo and forgot their job. The god got _____(A)_____, so he buried them. He also put a big stone on the ground.

*geomungo 거문고

●● **주요 단어와 표현**

special 특별한   want A back(- wanted A back) A를 돌려받기를 원하다   send(- sent) 보내다   job (해야 하는) 일
never 결코 ~ 않다   return(- returned) 돌아오다   also 또한   bury(- buried) (땅에) 묻다   put(- put) 놓다, 두다
ground 땅

1 이 글은 무엇에 대해 설명하는 내용인가요?

중심
생각

① What are the special stones?

② Why are the stones heavy?

③ How did the god bring three men back?

④ Who put the big stone on the ground and why?

2 글의 내용과 <u>틀린</u> 것을 고르세요.

세부
내용

① 다섯 개의 특별한 돌들은 매우 무거웠다.

② 하늘에서 가장 힘센 남자는 거문고를 발견했다.

③ 신은 두 남자를 더 지상으로 내려보냈다.

④ 세 남자는 거문고 소리를 듣고 해야 할 일을 잊어버렸다.

3 신이 남자들을 지상으로 내려보낸 이유를 고르세요.

세부
내용

① 거문고를 찾기 위해서   ② 딸을 하늘로 데려오기 위해서

③ 다섯 개의 돌을 다시 찾기 위해서   ④ 땅 위에 거대한 돌을 놓기 위해서

4 글의 빈칸 (A)에 들어갈 말로 가장 알맞은 것을 고르세요.

빈칸
추론

① angry   ② excited   ③ sad   ④ surprised

5 글에 등장하는 단어로 빈칸을 채워 보세요.

세부
내용

The men _____ ⓐ _____ about their job because of the _____ ⓑ _____ of a geomungo.

ⓐ : _____   ⓑ : _____

STEP 2 Build Up
글을 읽고, 빈칸에 <보기>의 단어를 채워 원인과 결과를 완성하세요.

보기	forgot　sent　strongest　returned　dropped

Cause | 원인		**Effect | 결과**
The god's daughter a _____ five stones to the earth.	→	The god sent the b _____ man in the sky to the earth.
The strongest man heard the sound of a geomungo.	→	He c _____ about his job.
The strongest man never d _____ to the sky.	→	The god e _____ two more men to the earth.

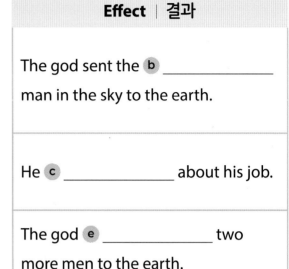

STEP 3 Sum Up
이야기 순서에 맞게 빈칸에 번호를 쓰세요.

❶	 The god had five special stones. One day, his daughter dropped them to the earth.	❷	 The god was angry. He buried the men and put a big stone on the ground.
❸	 The god sent the strongest man in the sky to the earth. But the man never returned.	❹	 The god sent two more men. But they also forgot about the stones.

A 아래 그림에 알맞은 단어를 고르세요.

①  ②  ③

☐ drop   ☐ stone   ☐ heavy

☐ return   ☐ ground   ☐ special

B 주어진 단어의 알맞은 우리말 뜻을 찾아 연결하세요.

① bury   •   • ~와 사랑에 빠지다

② strong   •   • 땅; 지구

③ earth   •   • (땅에) 묻다

④ fall in love with •   • 힘센, 강한

C 우리말 해석에 맞도록 <보기>에서 알맞은 단어를 골라 빈칸에 쓰세요.

> 보기   sound   forget   strong

① 우리 약속을 잊지 마라.

   → Don't   our promise.

② 그녀는 이상한 소리를 들었다.

   → She heard a strange   .

③ Tim은 힘이 세고 건강하다.

   → Tim is   and healthy.

Plastic Islands

There are many **islands** in the world. But you won't find some islands on a world map. They are "**garbage** islands" or "plastic islands." They often look like small islands **from a distance**. But when you look closely, they are **actually** garbage spots, and those spots are made of plastic and fishing nets.

The plastic and fishing nets **float** on the **ocean**. The *ocean currents move them around. Then, they become _____(A)_____. The **pieces of** plastic come from all over the world. They could be from any river or beach. **Tsunamis can also move garbage from the land to the sea.

*ocean current 해류
**tsunami 쓰나미 ((지진 등에 의한 엄청난 해일))

●● 주요 단어와 표현

plastic 플라스틱   world 세계   map 지도   often 흔히, 보통   closely 가까이, 가깝게   spot 곳, 장소   made of ~로 구성된, 만들어진   fishing net 어망   move 옮기다, 이동시키다 *move A around A를 여기저기 옮기다   come from ~에서 오다   all over the world 전 세계에서   river 강   beach 해변   land 육지, 땅

Check Up

1 이 글은 무엇에 대해 설명하는 내용인가요?

중심
생각

① 쓰나미의 영향   ② 플라스틱 재활용

③ 바다의 쓰레기 섬   ④ 재사용 가능한 어망

2 글의 내용과 맞는 것에는 ○표, 틀린 것에는 ✕표 하세요.

세부
내용

(a) 세계 지도에 등장하지 않는 섬이 있다.   _____

(b) 해류가 플라스틱과 어망을 여기저기 옮긴다.   _____

(c) 쓰나미는 바다 위 쓰레기를 육지로 이동시킨다.   _____

3 글의 빈칸 (A)에 들어갈 말로 가장 알맞은 것을 고르세요.

빈칸
추론

① a clean ocean   ② a high wall

③ a garbage island   ④ a plastic net

4 글에 등장하는 단어로 빈칸을 채워 보세요.

중심
생각

Plastic islands look like small islands from a _____ⓐ_____ . They are actually garbage _____ⓑ_____ .

ⓐ : _____   ⓑ : _____

Build Up 주어진 질문에 알맞은 대답을 연결하세요.

Question | 질문

Answer | 대답

1 What are plastic islands?

(A) They float on the ocean, and the ocean currents move them around.

2 What are the islands made of?

(B) They are made of plastic and fishing nets.

3 How do plastic and fishing nets become a plastic island?

(C) They look like small islands from a distance, but they are actually garbage spots.

Sum Up 빈칸에 알맞은 단어를 <보기>에서 찾아 쓰세요.

| 보기 | pieces   garbage   move   islands |

Plastic islands are not real islands. They're actually **a** _____ spots. They look like small **b** _____ , but they are made of plastic and fishing nets. The ocean currents move the garbage around. The **c** _____ of plastic come from all over the world. Tsunamis can also **d** _____ garbage from the land to the sea.

Look Up

A 아래 그림에 알맞은 단어를 고르세요.

①

②

③

① ☐ world
  ☐ garbage

② ☐ float
  ☐ come from

③ ☐ map
  ☐ island

B 주어진 단어의 알맞은 우리말 뜻을 찾아 연결하세요.

① actually •   • 옮기다, 이동시키다

② distance •   • 실제로, 사실은

③ beach •   • 해변

④ move •   • 먼 거리, 먼 곳

C 우리말 해석에 맞도록 <보기>에서 알맞은 단어를 골라 빈칸에 쓰세요.

보기	pieces float ocean

① 골프공은 물에 뜨지 않는다.

  → Golf balls do not _____ on water.

② 나는 케이크를 여섯 조각으로 잘랐다.

  → I cut the cake into six _____.

③ 그는 바다에서 수영하는 것을 좋아한다.

  → He likes to swim in the _____.

03 Delos Island

Leto was the mother of Apollo and Artemis. Before ⓐ <u>she</u> **gave birth to** the twins, she wanted to **hide** from Hera. Hera was very angry and **jealous of** ⓑ <u>her</u>. So ⓒ <u>she</u> didn't **allow** her anywhere on the earth. Sadly, no one helped Leto.

Hera sent a snake, too. She **ordered** the snake to eat Leto. To **run away** from it, Leto **jumped into** the sea. When ⓓ <u>she</u> swam, she saw a big rock floating on the sea. It wasn't on the earth, so it was _____(A)_____ Hera. Leto climbed onto the rock and gave birth to the babies there. Soon, the rock stopped floating on the sea. It became an island.

●● **주요 단어와 표현**

before ~하기 전에   twin 쌍둥이   anywhere 어디에도   sadly 슬프게도   no one 아무도 ~ 않다   help(- helped) 도와주다   swim(- swam) 헤엄치다, 수영하다   rock 바위   climb(- climbed) 오르다   onto ~ 위로   soon 곧   become (- became) ~가 되다

Check Up

정답과 해설 p.50

1

중심
생각

이 글의 알맞은 제목을 고르세요.

① Hera와 바위섬   ② Leto와 섬이 된 바위

③ Leto의 놀라운 수영 실력   ④ Hera와 Leto의 전쟁

2

세부
내용

글의 내용과 맞는 것에는 ○표, 틀린 것에는 ✕표 하세요.

(a) 지상에서 Leto는 아무런 도움을 받지 못했다.   _____

(b) Hera는 뱀에게 Leto를 데려올 것을 명령했다.   _____

(c) Leto는 바위 위에서 아기를 낳았다.   _____

3

세부
내용

밑줄 친 ⓐ ~ ⓓ 중 가리키는 대상이 다른 것을 고르세요.

① ⓐ   ② ⓑ   ③ ⓒ   ④ ⓓ

4

빈칸
추론

글의 빈칸 (A)에 들어갈 단어로 가장 알맞은 것을 고르세요.

① fine with   ② safe from   ③ small for   ④ close to

5

세부
내용

글에 등장하는 단어로 빈칸을 채워 보세요.

Leto swam to a big ____ⓐ____ floating on the sea and gave ____ⓑ____ to twins there.

ⓐ : _____   ⓑ : _____

Build Up 글을 읽고, 빈칸에 <보기>의 단어를 채워 질문과 대답을 완성하세요.

보기	let　　ordered　　earth　　run away

Question 1
Why did Hera send a snake to Leto?

Answer 1
Hera was jealous of Leto, so she
a _____ the snake to eat
Leto.

Question 2
What did Leto do to
b _____ from the snake?

Answer 2
She jumped into the sea and swam.

Question 3
Why was the big rock on the sea
safe from Hera?

Answer 3
Hera didn't c _____ Leto
anywhere on the earth, and the rock
wasn't on the d _____.

Sum Up 빈칸에 알맞은 말을 <보기>에서 찾아 쓰세요.

보기	jumped　　hide　　anywhere　　became

Leto had to a _____ from Hera. Because Hera was angry, she
didn't allow Leto b _____ on the earth. She also sent a snake and
ordered it to eat Leto. Leto ran away and c _____ into the sea. She
saw a rock floating on the sea. Leto climbed onto it and gave birth to twins
there. Soon, the rock d _____ an island.

96 왓츠 리딩 90 Ⓐ

Look Up

A 아래 그림에 알맞은 단어를 고르세요.

①
- ☐ hide
- ☐ climb

②
- ☐ swim
- ☐ order

③
- ☐ jump into
- ☐ run away

B 주어진 단어의 알맞은 우리말 뜻을 찾아 연결하세요.

① soon • • 슬프게도

② allow • • 곧

③ sadly • • (아이를) 낳다

④ give birth to • • 허락하다

C 우리말 해석에 맞도록 <보기>에서 알맞은 단어를 골라 빈칸에 쓰세요.

> 보기   ordered   jumped   jealous

① 어떤 사람들은 그의 성공을 질투한다.

→ Some people are _____ of his success.

② 경찰은 그에게 차에서 내리라고 명령했다.

→ The police _____ him to get out of the car.

③ 그 쥐는 수영장으로 뛰어들었다.

→ The mouse _____ into the swimming pool.

Prison Island

Hashima Island has a(n) _____(A)_____ **history**. No one lives on the island now, but you can find some buildings there. In 1890, the Mitsubishi **company** bought the island. There was coal under the sea. Many Japanese workers moved there.

From the 1930s, Chinese and Korean workers started to live on the island. They didn't want to, but the Japanese made them work on the island. At that time, the island was called "Hell Island" or "**Prison** Island." The workers were in **terrible** conditions. The Korean workers **had to** work for 12 **hours** a day. One **hundred** twenty-two Korean workers died on the island.

●● **주요 단어와 표현**

buy(- bought) 사다, 구입하다   coal 석탄   Japanese 일본(인)의   worker 노동자   move(- moved) 이동하다
Chinese 중국(인)의   Korean 한국(인)의   was[were] called ~라고 불렸다   hell 지옥   conditions 환경, 상황
die(- died) 죽다

Check Up

1 이 글의 알맞은 제목을 고르세요.

중심
생각

① Hashima 섬의 어두운 역사   ② 감옥으로 사용된 섬

③ 사라진 한국인 노동자들   ④ Hashima 섬에서 발견된 석탄

2 Hashima 섬에 대해 글의 내용과 맞는 것에는 ○표, <u>틀린</u> 것에는 ✕표 하세요.

세부
내용

(a) 지금도 일부 주민들이 살고 있다.   _____

(b) '지옥섬' 또는 '감옥섬'이라고 불렸다.   _____

(c) 한국 노동자들은 하루에 12시간씩 일했다.   _____

3 Mitsubishi 회사가 Hashima 섬을 구입한 이유를 고르세요.

세부
내용

① 도시를 건설하기 위해   ② 일자리를 만들기 위해

③ 석탄을 채굴하기 위해   ④ 새로운 감옥을 짓기 위해

4 글의 빈칸 (A)에 들어갈 말로 알맞지 <u>않은</u> 것을 고르세요.

빈칸
추론

① sad   ② fine   ③ terrible   ④ dark

5 글에 등장하는 단어로 빈칸을 채워 보세요.

중심
생각

Hashima island was _____ ⓐ _____ "Hell Island" or "Prison Island" because the
workers were in _____ ⓑ _____ conditions.

ⓐ : _____   ⓑ : _____

STEP 2 Build Up

주어진 질문에 알맞은 대답을 연결하세요.

Question | 질문

1. What is the name of the island?

2. Who lived on the island?

3. What happened on the island?

Answer | 대답

(A) Many workers had to work in terrible conditions. Some workers also died there.

(B) Workers from China and Korea lived there. The Japanese made them work.

(C) Its name is Hashima Island. It was called "Hell Island" or "Prison Island" before.

STEP 3 Sum Up

빈칸에 알맞은 말을 <보기>에서 찾아 쓰세요.

보기   conditions   history   died   bought

In 1890, Mitsubishi company ⓐ _____ Hashima Island because there was coal under the sea. In the 1930s, Chinese and Korean workers started to live there. The Japanese made them work for long hours in bad ⓑ _____ . Because of that, many of them ⓒ _____ . Hashima Island has a sad ⓓ _____ .

Look Up

A 아래 그림에 알맞은 단어를 고르세요.

1

2

3

☐ coal	☐ die	☐ prison
☐ worker	☐ buy	☐ island

B 주어진 단어의 알맞은 우리말 뜻을 찾아 연결하세요.

1 history • • 환경

2 terrible • • 회사

3 company • • 끔찍한

4 conditions • • 역사

C 우리말 해석에 맞도록 <보기>에서 알맞은 단어를 골라 빈칸에 쓰세요.

> 보기   hours   had to   hundred

1 내 티켓 번호는 131이다.

→ My ticket number is one _____ thirty-one.

2 나는 하루에 두 시간씩 운동한다.

→ I exercise for two _____ a day.

3 많은 사람들이 밖에서 기다려야 했다.

→ Many people _____ wait outside.

MEMO

MEMO

왓츠 What's Grammar

왓츠그래머 시리즈로
영문법의 기초를 다져보세요!

1 초등 교과 과정에서 필수인 문법 사항 총망라
2 세심한 난이도 조정으로 학습 부담은 DOWN
3 중, 고등 문법을 대비하여 탄탄히 쌓는 기초

Start

아이들이 영문법을 처음 접한다면?
초등 저학년을 위한 기초 문법서

+Plus

기초 문법 개념을 한 바퀴 돌렸다면?
초등 고학년을 위한 기초 & 심화 문법서

초등학생을 위한 필수 기초 & 심화 문법

1

초등 기초 & 심화 문법
완성을 위한 3단계 구성

2

누적·반복 학습이 가능한
나선형 커리큘럼

3

쉽게 세분화된 문법 항목과
세심하게 조정된 난이도

4

유닛별 누적 리뷰 테스트와
파이널 테스트 2회분 수록

5

워크북과 단어쓰기
연습지로 완벽하게 복습

1 구문
판매 1위 '천일문' 콘텐츠를 활용하여 정확하고 다양한 구문 학습

(끊어읽기) (해석하기) (문장 구조 분석) (해설·해석 제공) (단어 스크램블링) (영작하기)

2 문법·서술형
쎄듀의 모든 문법 문항을 활용하여 내신까지 해결하는 정교한 문법 유형 제공

(객관식과 주관식의 결합) (문법 포인트별 학습) (보기를 활용한 집합 문항) (내신대비 서술형) (어법+서술형 문제)

3 어휘
초·중·고·공무원까지 방대한 어휘량을 제공하며 오프라인 TEST 인쇄도 가능

(영단어 카드 학습) (단어 ↔ 뜻 유형) (예문 활용 유형) (단어 매칭 게임)

4 선생님 보유 문항 이용

(Online Test) (OMR Test)

Words
90 A

Read Along with Me!

왓츠
리딩
What's Reading

김기훈 | 쎄듀 영어교육연구센터

WORKBOOK

쎄듀

What's Reading

Words

90 A

WORKBOOK

01 A Man with a Lamp

A 주어진 의미에 맞는 단어를 <보기>에서 골라 빈칸을 채우세요.

> 보기 answer appear carries road care about lamp surprised

형용사 놀란	She looked ❶ _____ when she saw me. 그녀가 나를 보았을 때 놀라는 것 같았다.
동사 들고 가다, 운반하다, 나르다	My dad always ❷ _____ his bag on his shoulder. 나의 아빠는 항상 가방을 어깨 위로 들고 가신다.
동사 나타나다, 보이기 시작하다	The bus will ❸ _____ around the corner. 그 버스는 모퉁이를 돌아 나타날 것이다.
동사 대답하다	Peter will ❹ _____ the question. Peter가 그 질문에 대답할거야.
걱정하다, 마음을 쓰다	Mary and Sam ❺ _____ you. Mary와 Sam은 너를 걱정한다.
명사 등불	The ❻ _____ on my desk broke. 내 책상 위의 등불이 고장났다.
명사 길, 도로	There was a deer on the ❼ _____ . 도로 위에 사슴 한 마리가 있었다.

B 아래 문장에서 주어에는 ○표, 동사에는 밑줄을 치세요.

> 보기 (The man) <u>was</u> blind!

1 The traveler was surprised.

2 A twinkling lamp appeared.

3 A traveler was walking down a road.

4 It was dark, and he got lost.

C 주어진 우리말과 뜻이 같도록 문장을 완성해 보세요.

1 그가 그 빛에 가까웠을 때, // 그는 한 남자를 보았다.

→ _____, // he saw a man.

(to the light / was / when / he / close)

2 나그네는 물었다, // "왜 등불을 들고 가시나요?"

→ The traveler asked, // " _____ ?"

(carrying / why / you / are / a lamp)

3 그러면 우리는 서로 부딪치지 않을 겁니다.

→ Then _____ .

(each other / won't / we / bump into)

4 그의 따뜻한 마음은 등불보다 더 밝았다.

→ _____ .

(brighter / his warm heart / a lamp / was / than)

Franklin's Favor

A 주어진 의미에 맞는 단어를 <보기>에서 골라 빈칸을 채우세요.

보기 favor friendly decide know borrow return lend

형용사 친절한	Fred was ❶ to everyone. Fred는 모두에게 친절했다.
동사 알다, 알고 있다	I ❷ Emily's number. 나는 Emily의 번호를 알고 있어.
동사 빌리다	May I ❸ your umbrella? 제가 당신의 우산을 빌려도 될까요?
동사 돌려주다, 반납하다	❹ the books by Thursday. 목요일까지 그 책들을 반납하세요.
동사 결심하다	Why did you ❺ to become a doctor? 너는 왜 의사가 되기로 결심했니?
동사 빌려주다	He won't ❻ me his notes. 그는 나에게 자신의 노트를 빌려주지 않을 것이다.
명사 부탁	My friend asked me a ❼ . 내 친구가 나에게 부탁을 했다.

B 아래 문장에서 주어에는 ○표, 동사에는 밑줄을 치세요.

> 보기   (Benjamin Franklin) <u>was</u> a famous scientist.

❶ This is called the Benjamin Franklin effect.

❷ Soon, they became good friends.

❸ Some people didn't like him.

❹ Franklin wrote a thank-you letter to him and returned the book.

C 주어진 우리말과 뜻이 같도록 문장을 완성해 보세요.

❶ 프랭클린은 그들에게 부탁을 하기로 결심했다.

→ _____ .

(a favor / Franklin / them / ask / decided to)

❷ 프랭클린은 책을 한 권 빌려 달라고 요청했다 / 그들 중 한 명에게.

→ _____ / from one of them.

(asked / a book / to borrow / Franklin)

❸ 그 사람은 프랭클린을 좋아하기 시작했다.

→ _____ .

(Franklin / that person / to like / started)

❹ 누군가 우리에게 도움을 요청할 때, // 우리는 그 사람에게 친절해진다.

→ _____ , //

(asks / us / when / for help / someone)

we become friendly with that person.

03 Soup Kitchens

A 주어진 의미에 맞는 단어를 <보기>에서 골라 빈칸을 채우세요.

| 보기 | set proud introduce arrive feed leave at first |

동사 소개하다	I am happy to ❶ her to you. 나는 그녀를 너에게 소개하게 되어 기쁘다.
동사 1. 먹을 것을 주다 2. 음식을 먹이다	Did you ❷ your dog this morning? 오늘 아침에 네 개에게 먹을 것을 주었니?
동사 1. (식탁을) 준비하다 2. (위치에) 놓다	Can you ❸ the table please? 식탁을 준비해 주시겠어요?
동사 도착하다	Hurry up! The train will ❹ in 5 minutes. 서둘러! 기차가 5분 뒤에 도착할 거야.
동사 떠나다	Give me a call before you ❺ for New York. 뉴욕으로 떠나기 전에 전화해 줘.
처음에는	❻ , it started to rain hard. 처음에는, 비가 세차게 내리기 시작했다.
형용사 자랑스러운	My parents are very ❼ of me. 내 부모님은 나를 매우 자랑스러워하신다.

B 아래 문장에서 주어에는 ○표, 동사에는 밑줄을 치세요.

> 보기   (We) fed one hundred twenty-one people.

❶ He tells me many things about his work.

❷ Soon, the soup kitchen was full.

❸ Last Monday, I went to the soup kitchen with Uncle Will.

❹ He cut some vegetables, and I set the tables.

C 주어진 우리말과 뜻이 같도록 문장을 완성해 보세요.

❶ 우리는 잠깐 들러서 닭고기를 좀 샀다.

→ _____.

(we / and / stopped / some / bought / chicken)

❷ Will 삼촌은 나를 다른 도우미들에게 소개했다.

→ _____.

(me / to / helpers / Uncle Will / the other / introduced)

❸ 내가 문을 열었을 때, // 줄을 선 사람들이 안으로 들어왔다.

→ When I opened the door, // _____.

(inside / people / came / in line)

❹ 그러나 그들은 배불러 보였다 // 그들이 떠날 때.

→ _____ // _____.

(left / but / they / full / when / they / looked)

Place for the Hungry

A 주어진 의미에 맞는 단어를 <보기>에서 골라 빈칸을 채우세요.

| 보기 | soup   still   low   add   free   choose   serve |

형용사 낮은, 적은	Prices in that country are ❶ . 그 나라의 물가는 <u>낮다</u>.
형용사 1. 무료의 2. 자유로운	She offered ❷ samples to us. 그녀는 우리에게 <u>무료</u> 샘플을 권했다.
동사 선택하다, 고르다	What color do you want to ❸ ? 너는 어떤 색을 <u>고르고</u> 싶니?
동사 (음식을) 제공하다	The waiter will ❹ water soon. 종업원이 곧 물을 <u>제공할</u> 것이다.
동사 더하다, 추가하다	You need to ❺ more salt to this. 너는 이것에 소금을 더 <u>추가해야</u> 해.
부사 아직도, 여전히	He was ❻ hungry after dinner. 그는 저녁식사 후에도 <u>여전히</u> 배가 고팠다.
명사 수프	Do you want a bowl of ❼ ? <u>수프</u> 한 그릇 먹을래?

B 아래 문장에서 주어에는 ○표, 동사에는 밑줄을 치세요.

> 보기   (Soup kitchens) still <u>exist</u>.

❶ There, everyone can have a free meal.

❷ Soup kitchens started in the U.S. around 1929.

❸ Each soup kitchen had about 2,000 visitors every day.

❹ Some soup kitchens even sell food at a low price.

C 주어진 우리말과 뜻이 같도록 문장을 완성해 보세요.

❶ 처음에 soup kitchen은 수프와 빵을 제공했다.

→ At first, _____ .

(soup kitchens / soup and bread / served)

❷ 그들은 수프에 물을 더할 수 있었다.

→ _____ .

(to the soup / they / add / water / could)

❸ 어느 도시와 마을에나 soup kitchen이 있었다.

→ _____ .

(a soup kitchen / in / there / every city and town / was)

❹ 오늘날, 그곳은 음식을 제공하고 옷을 나눠 준다.

→ Today, _____ .

(give out / serve / they / and / food / clothes)

Career Day

A 주어진 의미에 맞는 단어를 <보기>에서 골라 빈칸을 채우세요.

보기	take care of	teach	grown-up	interesting
	work	bring	grow up	guest

자라다, 성장하다	Kids ❶ _____ so quickly. 아이들은 매우 빨리 성장한다.
~을 돌보다	I ❷ _____ my little sister. 나는 내 여동생을 돌본다.
동사 데려오다, 가져오다	He will ❸ _____ his friend here. 그는 여기로 그의 친구를 데려올 것이다.
동사 가르치다	My parents ❹ _____ at high school. 우리 부모님은 고등학교에서 가르치신다.
명사 손님	I went to the party as Kate's ❺ _____. 나는 Kate의 손님으로 그 파티에 갔다.
명사 일, 직장, 직업	Paul likes to talk about his ❻ _____. Paul은 내게 자신의 일에 대해 말하는 것을 좋아한다.
명사 어른, 성인	The child acts like a ❼ _____. 그 아이는 어른처럼 행동한다.
형용사 흥미로운, 재미있는	She told me an ❽ _____ story. 그녀는 나에게 흥미로운 이야기를 말해줬다.

B 아래 문장에서 주어에는 ○표, 동사에는 밑줄을 치세요.

> 보기 (Today) was a special day.

❶ They talked about their work.

❷ The next guest was Linda's mother.

❸ Grown-ups have interesting careers!

❹ His name is Mr. Kelly, and he teaches at college.

C 주어진 우리말과 뜻이 같도록 문장을 완성해 보세요.

❶ 많은 손님들이 우리 반을 방문했다 / 커리어 데이를 위해.

→ _____ / for career day.

(class / visited / guests / many / our)

❷ 아기들은 귀엽다, // 하지만 그들은 많이 운다.

→ _____, // _____.

(the babies / cute / are / but / cry / they / a lot)

❸ 그는 우리의 선생님을 가르쳤다, / 10년 전에.

→ _____, / ten years ago.

(our teacher / taught / he)

❹ 나는 무엇이 될까 // 내가 자라면?

→ _____ // _____?

(what / become / will / I / I / grow up / when)

The Garbage Collectors

A 주어진 의미에 맞는 단어를 <보기>에서 골라 빈칸을 채우세요.

> **보기**   make money   about   sell   mean   cause   full   collect

형용사 가득 찬	This box was ❶ of books. 이 상자는 책으로 <u>가득 차</u> 있었다.
전치사 1. 약, 대략 2. ~에 관한, 대하여	The pen costs ❷ 3 dollars. 그 펜은 값이 <u>약</u> 3달러이다.
동사 ~의 원인이 되다, 일으키다	Did Mike ❸ trouble here? Mike가 여기에서 문제를 <u>일으켰나요</u>?
동사 의미하다	This green light doesn't ❹ that you can go. 이 초록불은 당신이 갈 수 있다는 것을 <u>의미하지</u> 않는다.
동사 모으다, 수집하다	I will ❺ the papers on the floor. 내가 바닥에 있는 종이를 <u>모을게</u>.
동사 팔다	The farmers ❻ fruits and vegetables themselves. 그 농부들이 직접 과일과 야채를 <u>판다</u>.
돈을 벌다	With this song, the song writer will ❼ . 이 노래로, 그 작곡가는 <u>돈을 벌</u> 것이다.

B 아래 문장에서 주어에는 ○표, 동사에는 밑줄을 치세요.

> 보기 (They) recycle about 80% of the garbage.

❶ *Zabbaleen* means "garbage people" in Egyptian Arabic.

❷ But the *Zabbaleen* don't make much money.

❸ They go from door to door and collect garbage.

❹ They find things like plastic, glass, and metal, and sell them.

C 주어진 우리말과 뜻이 같도록 문장을 완성해 보세요.

❶ 그들은 쓰레기를 그들의 마을로 가져간다 / 카이로에 있는.

→ _____ / in Cairo.

(they / to their village / the garbage / bring)

❷ 그 마을은 쓰레기로 가득 차 있다.

→ _____.

(garbage / the village / is / full of)

❸ 그들은 그들의 돼지들에게 음식물 쓰레기를 준다.

→ _____.

(they / food waste / to their pigs / give)

❹ 쓰레기는 많은 건강 문제의 원인이 된다.

→ _____.

(the garbage / many / causes / health problems)

03 Work Experience

A 주어진 의미에 맞는 단어를 <보기>에서 골라 빈칸을 채우세요.

보기	experience	begin	put on	list	bored	different	shoot

형용사 1. 여러 가지의, 각각 다른 2. 다른, 차이가 나는	They studied many ❶ cultures. 그들은 수많은 <u>각각 다른</u> 문화들에 대해 공부했다.
동사 (어떤 일이) 시작되다, 시작하다	The concert will ❷ at 9. 콘서트는 아홉 시에 <u>시작될</u> 것이다.
형용사 지루해하는	Kate felt ❸ during the movie. Kate는 영화 보는 동안 <u>지루해했다</u>.
~을 착용하다, 입다, 쓰다	It's cold outside. ❹ your jacket. 밖은 추워. 네 재킷을 <u>입어</u>.
명사 체험, 경험 동사 체험하다, 경험하다	What did you ❺ during the trip? 당신은 그 여행 동안 무엇을 <u>경험했나요</u>?
명사 목록	We made a ❻ of Christmas songs. 우리는 크리스마스 노래들의 <u>목록</u>을 만들었다.
동사 (총 등을) 쏘다	The player will ❼ his last arrow. 그 선수는 자신의 마지막 화살을 <u>쏠</u> 것이다.

B 아래 문장에서 주어에는 ○표, 동사에는 밑줄을 치세요.

> 보기 (Lily) <u>chose</u> a firefighter.

❶ The screen showed a list of different jobs.

❷ The firefighter kept cleaning his tools.

❸ Lily lay on her bed and put on a new VR headset.

❹ She chose another one, and a new movie began.

C 주어진 우리말과 뜻이 같도록 문장을 완성해 보세요.

❶ Lily는 그 직업들 중 하나를 체험할 수 있었다.

→ _____ .

(Lily / one of / experience / the jobs / could)

❷ 그녀는 보고 싶었다 / 소방관이 물을 쏘는 것을.

→ _____ / _____ .

(a firefighter / shoot / wanted to / she / see / water)

❸ 그녀는 한 남자를 봤다, // 그리고 그는 그의 책상에서 타자 치고 있었다.

→ She saw a man, // and _____ .

(he / typing / was / at his desk)

❹ Lily는 생각했다, // '그것은 완벽한 직업 같아!'

→ Lily thought, // "_____!"

(a perfect job / looks / it / like)

Interesting Jobs

A 주어진 의미에 맞는 단어를 <보기>에서 골라 빈칸을 채우세요.

보기   sound   job   tough   check   throw away   grab   hurt

동사 ~인 것 같다, ~처럼 들리다	Does the job ❶ too difficult? 그 일이 너무 어려운 것 같나요?
동사 점검하다, 살피다	Drivers should ❷ their cars often. 운전자는 자신의 차를 자주 점검해야 한다.
형용사 다친	There was a fire, but no one was ❸ . 화재가 났지만, 아무도 다치지 않았다.
명사 직업, 일	Brian was proud of his ❹ as a lawyer. Brian은 변호사인 그의 직업을 자랑스러워했다.
형용사 힘든, 어려운	This was a ❺ decision. 이것은 힘든 결정이었다.
동사 붙잡다, 움켜잡다	❻ the bat and swing it. 야구방망이를 붙잡고 그것을 휘둘러.
버리다, 없애다	Could you ❼ that garbage? 저 쓰레기 좀 버려 줄래?

B 아래 문장에서 주어에는 ○표, 동사에는 밑줄을 치세요.

> 보기 (The testers) sometimes get hurt.

❶ They get the poison for scientists.

❷ Scientists need snake poison for making medicine.

❸ Bicycle fishers take boats and fish out 14,000 old bikes every year!

❹ The job may sound fun, but it can be dangerous.

C 주어진 우리말과 뜻이 같도록 문장을 완성해 보세요.

❶ 그들은 뱀의 머리를 붙잡고 독을 모은다.

→ _____.

(poison / the snake's / and / grab / collect / head / they)

❷ 그들은 슬라이드를 타고 그것의 안전성을 점검한다.

→ _____.

(the slide / go down / and / check / its safety / they)

❸ 암스테르담에서, 사람들은 자전거 타기를 아주 좋아한다.

→ In Amsterdam, _____.

(bicycles / people / riding / love)

❹ 그들은 자주 오래된 자전거들을 강에 버린다.

→ _____.

(they / old bicycles / often throw away / in rivers)

The Colors of Us

A 주어진 의미에 맞는 단어를 <보기>에서 골라 빈칸을 채우세요.

> **보기**   see   take out   get   dark   playground   walk   color

데리고 나가다	I will **①** _____ my sister to the party. 나는 파티에 내 여동생을 <u>데리고 나갈</u> 것이다.
형용사 (눈·머리·피부가) 어두운, 검은	Sam has **②** _____ skin and curly hair. Sam은 <u>어두운</u> 피부와 곱슬머리를 가지고 있다.
동사 보다	I often **③** _____ her in the park. 나는 공원에서 그녀를 자주 <u>본다</u>.
동사 걷다	They **④** _____ to school every morning. 그들은 매일 아침 학교에 <u>걸어간다</u>.
동사 1. 도착하다 2. (어디에서) 가져오다 3. 얻다, 구하다	We'll have dinner when we **⑤** _____ home. 집에 <u>도착하면</u> 우리는 저녁을 먹을 것이다.
명사 색	My favorite **⑥** _____ is green. 내가 가장 좋아하는 <u>색</u>은 녹색이다.
명사 놀이터	There is a large **⑦** _____ around the corner. 저 길모퉁이를 돌면 큰 <u>놀이터</u>가 있다.

B 아래 문장에서 주어에는 ○표, 동사에는 밑줄을 치세요.

> 보기 | I have dark skin, like cinnamon.

❶ I think about the people in the playground and the park.

❷ Mom teaches me about colors.

❸ Izzy's skin is chocolate brown, and Lena has fair skin.

❹ Mixing red, yellow, black, and white will make the right brown.

C 주어진 우리말과 뜻이 같도록 문장을 완성해 보세요.

❶ 엄마는 나를 놀이터로 데리고 나가신다.

→ _____.

(to the playground / Mom / takes me out)

❷ Sophia는 연한 황갈색 피부를 가지고 있다.

→ _____.

(light / yellow-brown / has / skin / Sophia)

❸ 우리는 다른 피부색을 가진 다른 사람들을 본다.

→ _____.

(see / other people / with different skin colors / we)

❹ 우리의 색은 다르지만 아름답다.

→ _____.

(different / beautiful / but / are / the colors of us)

02 Welcome to My Planet!

A 주어진 의미에 맞는 단어를 <보기>에서 골라 빈칸을 채우세요.

보기	planet	only	between	language
	imagine	under	place	come from

동사 상상하다	**1** _____ a world without war. 전쟁이 없는 세상을 상상해 봐.
형용사 (오직) ~만의	There are **2** _____ five seats left. 오직 다섯 자리만이 남았습니다.
명사 곳, 장소	This **3** _____ is perfect for a field trip. 이곳은 현장학습에 가장 알맞다.
명사 언어	Some countries use the same **4** _____ . 어떤 나라들은 같은 언어를 쓴다.
명사 행성	This **5** _____ is cold, so people cannot live there. 이 행성은 추워서 사람들이 그곳에서 살 수 없다.
전치사 1. (나이 등이) ~ 미만의 2. (위치가) ~ 아래에	This playground is only for children **6** _____ the age of eight. 이 놀이터는 8세 미만의 어린이만을 위한 것이다.
전치사 ~ 사이에	My dog weighs **7** _____ 7 and 8 kg. 나의 개는 무게가 7에서 8kg 사이이다.
~ 출신이다, ~에서 오다	They **8** _____ different parts of China. 그들은 중국의 각각 다른 지역 출신이다.

B 아래 문장에서 주어에는 ○표, 동사에는 밑줄을 치세요.

> 보기　Create your own planet.

① The rest are 65 and older.

② So I started thinking about it.

③ Every one of us is unique.

④ The other fifty are female.

C 주어진 우리말과 뜻이 같도록 문장을 완성해 보세요.

① 약 78억 명의 사람들이 있다 / 전 세계적으로.

→ _____ / around the world.

(about / are / 7.8 billion people / there)

② 100명 중 50명은 남자이다.

→ _____ .

(male / fifty / out of / are / a hundred)

③ 우리는 다양한 곳 출신이다.

→ _____ .

(different / come from / we / places)

④ 우리는 다양한 문화와 언어를 가지고 있다.

→ _____ .

(different cultures / languages / and / have / we)

Halloween

A 주어진 의미에 맞는 단어를 <보기>에서 골라 빈칸을 채우세요.

보기	for fun	come out	celebrate	slowly
	use	dress	keep away	near

동사 쓰다, 사용하다	I ❶ my phone every day. 나는 내 전화를 매일 <u>사용한다</u>.
동사 기념하다	Some don't ❷ Christmas. 어떤 사람들은 크리스마스를 <u>기념하지</u> 않는다.
형용사 가까운	The end of the year is ❸ . 연말이 <u>가깝다</u>.
부사 서서히, 천천히	It ❹ became dark. <u>서서히</u> 어두워졌다.
재미로	What do you do ❺ ? 너는 <u>재미로</u> 어떤 것을 하니?
나오다	When the rain stops, the sun will ❻ . 비가 멈추면, 해가 <u>나올</u> 것이다.
~을 멀리하다, 가까이하지 않다	You need to ❼ from the dog. 너는 그 개를 <u>멀리해야</u> 해.
동사 옷을 입다 명사 드레스, 원피스	Mina wants to ❽ like Snow White for Halloween. Mina는 핼러윈 때 백설 공주처럼 <u>옷을 입고</u> 싶어 한다.

B 아래 문장에서 주어에는 ◯표, 동사에는 밑줄을 치세요.

> 보기   (They) made special lanterns out of pumpkins.

❶ They also use black and orange decorations for Halloween.

❷ So October 31 was All Hallows' Eve.

❸ In the past, people in Britain celebrated Hallowmas.

❹ Black means dark nights and death, and orange means fall vegetables.

C 주어진 우리말과 뜻이 같도록 문장을 완성해 보세요.

❶ 만성절 전날은 서서히 핼러윈으로 바뀌었다.

→ _____ .

(to Halloween / slowly changed / All Hallows' Eve)

❷ 사람들은 유령을 멀리하려고 노력했다.

→ _____ .

(tried / to keep the ghosts away / people)

❸ 사람들은 또한 마녀와 유령처럼 옷을 입었다.

→ _____ .

(also dressed / people / witches and ghosts / like)

❹ 사람들은 단지 재미로 여전히 그런 것들을 한다.

→ _____ .

(just for fun / people / those things / still do)

04 White and Orange

A 주어진 의미에 맞는 단어를 <보기>에서 골라 빈칸을 채우세요.

> 보기   think   desert   harvest   comes to mind   link   show   joy

명사 관련, 관련성	In an old story, this flower has a ❶ _____ with fairies. 옛날이야기에서 이 꽃은 요정과 <u>관련</u>이 있다.
명사 (작물의) 수확, 추수	A lot of rain was the cause of a bad ❷ _____ . 많은 비가 안 좋은 <u>수확</u>의 원인이었다.
명사 기쁨, 환희	There is so much ❸ _____ in her eyes. 그녀의 눈에는 정말 많은 <u>기쁨</u>이 있다.
~을 생각하다, 머리에 떠올리다	I smile every time I ❹ _____ of my puppy. 나는 내 강아지를 <u>생각할</u> 때마다 미소를 짓는다.
생각이 떠오르다	What ❺ _____ when you think of summer? 너는 여름을 생각하면 무엇이 <u>떠오르니</u>?
동사 1. (감정, 태도 등을) 나타내다, 보이다 2. 보여 주다	He started to ❻ _____ an interest in the car. 그는 그 차에 관심을 <u>보이기</u> 시작했다.
명사 사막	The ❼ _____ becomes cold at night. <u>사막</u>은 밤에 추워진다.

B 아래 문장에서 주어에는 ○표, 동사에는 밑줄을 치세요.

> 보기   In the deserts of the Middle East, (white) <u>has</u> a link with milk.

1 White is the color of thanks and joy.

2 Orange also means something holy in Southeast Asia.

3 Buddhist monks wear orange robes.

4 Wearing white started more than 2,000 years ago.

C 주어진 우리말과 뜻이 같도록 문장을 완성해 보세요.

1 신부는 순수함을 나타내기 위해 흰색 드레스를 입는다.

→ _____ .

(white dresses / purity / wear / to show / brides)

2 서양 문화에서, / 주황색은 가을과 수확을 의미한다.

→ In Western cultures, / _____ .

(and harvest / orange / fall / means)

3 당신은 주황색 유니폼을 입은 네덜란드 선수들을 볼 수 있을 것이다.

→ _____ .

(in orange uniforms / will see / Dutch players / you)

4 주황색은 네덜란드 왕족의 색이다.

→ _____ in the Netherlands.

(the color / is / of the royal family / orange)

Stories about Gods

A 주어진 의미에 맞는 단어를 <보기>에서 골라 빈칸을 채우세요.

보기	nature	make up	power	control
	example	anger	explain	

명사 분노, 화	Jim's face turned red. He couldn't hide his ① _____ . Jim의 얼굴은 빨개졌다. 그는 자신의 분노를 숨길 수 없었다.
명사 통제, 제어 동사 통제하다, 지배하다	The prince will become a king and ② _____ the country. 그 왕자는 왕이 되어 나라를 지배할 것이다.
명사 자연	Recycling helps to protect ③ _____ . 재활용은 자연을 보호하는 데 도움이 된다.
명사 권력, 힘	The king had great ④ _____ over his country. 그 왕은 자신의 나라에 대한 큰 권력을 가지고 있었다.
명사 예, 보기, 예시	Can you give me an ⑤ _____ ? 제게 예시를 들어 주실 수 있나요?
동사 설명하다	I couldn't ⑥ _____ anything about my family. 나는 내 가족에 대해 아무것도 설명할 수 없었다.
지어[만들어] 내다	How did you ⑦ _____ this amazing story? 이 굉장한 이야기를 너는 어떻게 만들어 냈니?

B 아래 문장에서 주어에는 ○표, 동사에는 밑줄을 치세요.

> 보기　For example, (Zeus) <u>controlled</u> lightning and storms.

❶ A myth is usually a story about gods.

❷ Another example is the god Atum.

❸ People made up stories and told them to their children.

❹ Stories about the Greek and Roman gods are myths, too.

C 주어진 우리말과 뜻이 같도록 문장을 완성해 보세요.

❶ 사람들은 많은 것들을 설명할 수 없었다 / 자연에 대해.

→ _____ / about nature.

(people / many things / couldn't / explain)

❷ 신들은 인간이나 자연에 대한 권력과 통제를 가지고 있다.

→ _____ or nature.

(have / over humans / gods / power and control)

❸ Zeus는 자신의 분노를 폭풍으로 보여 주곤 했다.

→ _____.

(Zeus / his anger / show / would / with storms)

❹ 이집트 신화에서, / 그는 세계의 창조자였다.

→ In Egyptian myths, / _____.

(of the world / he / the creator / was)

02 Flying High with Wings

A 주어진 의미에 맞는 단어를 <보기>에서 골라 빈칸을 채우세요.

| 보기 | however   a lot of   melt   high   fall   build   anybody |

부사 높이	The balloon rose ❶ up in the sky. 그 풍선은 하늘 높이 떠올랐다.
부사 하지만, 그러나	It is delicious. ❷ , it is unhealthy. 그것은 맛있다. 하지만, 그것은 건강하지 않다.
동사 빠지다, 떨어지다	He tried not to ❸ into the river. 그는 강에 빠지지 않기 위해 애썼다.
대명사 아무도	I don't know ❹ in this room. 나는 이 방에서 아무도 모른다.
동사 (열 때문에) 녹다, 녹이다	The ice cream will ❺ fast under sunlight. 아이스크림은 햇빛 아래에서 빠르게 녹을 것이다.
동사 짓다, 건설하다	They started to ❻ the house a week ago. 그들은 일주일 전에 그 집을 짓기 시작했다.
많은	She had ❼ dolls in her room. 그녀는 자신의 방에 많은 인형들을 가지고 있었다.

B 아래 문장에서 주어에는 ○표, 동사에는 밑줄을 치세요.

> 보기 (He) <u>gathered</u> a lot of bird feathers.

❶ They shouldn't fly too high and close to the sun.

❷ Daedalus built a maze in King Minos' palace.

❸ So he kept Daedalus and his son in the maze.

❹ The sun was very hot, so the wax melted.

C 주어진 우리말과 뜻이 같도록 문장을 완성해 보세요.

❶ Minos는 아무도 알기를 원하지 않았다 / 그 미로에 대해.

→ _____ / about the maze.

(to know / didn't want / Minos / anybody)

❷ Minos 왕은 모든 출구들을 통제했다 / 육지와 바다로 통하는.

→ _____ / by land and sea.

(all exits / king Minos / controlled)

❸ 그는 대신에 날아가기로 결심했다 / 그 미로에서 탈출하기 위해.

→ _____ / _____.

(to fly instead / to escape / he / from the maze / decided)

❹ Daedalus는 Icarus에게 날개들에 대해 경고했다.

→ _____.

(about / Icarus / warned / the wings / Daedalus)

03 Stories with Facts

A 주어진 의미에 맞는 단어를 <보기>에서 골라 빈칸을 채우세요.

| 보기 | similar facts poor important real band true |

형용사 진짜의, 현실의, 실제의	It isn't a statue. It is a **❶** person. 그것은 조각상이 아니야. 그것은 실제 사람이야.
형용사 비슷한, 유사한	The two apartments are **❷** in size. 그 두 아파트는 크기가 비슷하다.
명사 1. (함께 어울려 다니는) 무리 2. (음악) 밴드	A **❸** of robbers stole money from the bank. 강도 무리가 은행에서 돈을 훔쳤다.
형용사 사실인, 맞는	The story about the old man is **❹** . 그 노인에 관한 이야기는 사실이다.
형용사 가난한	The event is to help the **❺** . 그 행사는 가난한 사람들을 돕기 위한 것이다.
명사 사실, (실제로 일어난) 일	You need to check the **❻** first. 너는 사실을 먼저 확인해야 한다.
형용사 중요한	Learning Korean history is **❼** . 한국사를 배우는 것은 중요하다.

B 아래 문장에서 주어에는 ○표, 동사에는 밑줄을 치세요.

> 보기 (Legends) are very old stories.

① He didn't have a band of robbers.

② But legends are usually about important places or famous people.

③ Some legends are stories about real people; others are not.

④ Legends are based on facts, but they are not always true.

C 주어진 우리말과 뜻이 같도록 문장을 완성해 보세요.

① 전설은 신화와 매우 비슷하다.

→ _____ .

(are / myths / very / legends / similar to)

② 사람들은 (이야기를) 만들어 냈고 그들의 자식들에게 이야기를 전했다.

→ _____ .

(made up / to their children / stories / people / told / and)

③ 사람들은 전설이 사실이라고 믿었다.

→ _____ .

(were / believed / people / legends / true)

④ 그에 관한 이야기 중 대부분은 사실이 아니다.

→ _____ .

(true / not / most of the stories / are / about him)

04 A King's Gift

A 주어진 의미에 맞는 단어를 <보기>에서 골라 빈칸을 채우세요.

| 보기 | steal | forgive | life | fish | dead | forgiveness | follow |

명사 용서	He asked for my ❶ . 그는 나의 용서를 구했다.
명사 생명, 목숨	The lifeguard saved her ❷ . 인명구조요원이 그녀의 목숨을 구했다.
동사 낚시하다 명사 물고기, 어류	They like to ❸ in the lake. 그들은 호수에서 낚시하는 것을 좋아한다.
동사 훔치다, 도둑질하다	Thieves ❹ things from others. 도둑들은 남에게서 물건들을 훔친다.
동사 따라가다	❺ the guide for the tour. 관광을 위해 안내인을 따라가라.
동사 용서하다	Mom taught me to ❻ others. 엄마는 내게 다른 사람들을 용서하라고 가르쳐 주셨다.
형용사 죽은	I picked ❼ leaves from the tree. 나는 나무에서 죽은 잎들을 떼어냈다.

B 아래 문장에서 주어에는 ○표, 동사에는 밑줄을 치세요.

> 보기   Then (the king) <u>gave</u> him a white puppy.

❶ He was in an underwater palace.

❷ The puppy gave its life to the man.

❸ Follow the puppy.

❹ The man followed the puppy and finally arrived home.

C 주어진 우리말과 뜻이 같도록 문장을 완성해 보세요.

❶ 한 남자가 물에 빠졌다 // 그가 낚시하고 있었을 때.

→ _____ // when he was fishing.

  (fell into / the water / a man)

❷ 경비병들이 그를 왕에게 데려갔다.

→ _____ .

  (to the king / took / the guards / him)

❸ 그 남자는 왕의 용서를 구했다.

→ _____ .

  (the king's / the man / begged for / forgiveness)

❹ 그는 자신의 가족을 보게 되어 매우 기뻤다.

→ _____ .

  (his family / he / to see / very happy / was)

01 Five Special Stones

A 주어진 의미에 맞는 단어를 <보기>에서 골라 빈칸을 채우세요.

보기	drop	forget	earth	stone	strong
	heavy	sound	fall in love with		

명사 1. 땅, 대지 2. 지구	He left a footprint on the soft ❶ ＿＿＿＿＿＿＿. 그는 부드러운 땅에 발자국을 남겼다.
명사 돌, 돌멩이	Jane threw a ❷ ＿＿＿＿ in the river. Jane은 강에 돌멩이를 던졌다.
명사 소리	The ❸ ＿＿＿＿ of the piano was beautiful. 피아노 소리는 아름다웠다.
형용사 힘센, 강한	Sharks have ❹ ＿＿＿＿ and sharp teeth. 상어는 강하고 날카로운 이빨을 가지고 있다.
형용사 무거운	Paul was carrying a ❺ ＿＿＿＿ box. Paul은 무거운 상자를 나르고 있었다.
동사 떨어뜨리다, 떨어지다	Be careful not to ❻ ＿＿＿＿ the dishes. 그 접시들을 떨어뜨리지 않도록 조심해.
동사 잊다, 잊어버리다	I didn't ❼ ＿＿＿＿ about the meeting. 나는 그 회의를 잊어버리지 않았다.
~와 사랑에 빠지다	Who did he ❽ ＿＿＿＿? 그는 누구와 사랑에 빠졌니?

B 아래 문장에서 주어에는 ○표, 동사에는 밑줄을 치세요.

> 보기 A long time ago, (a god) had five special stones.

1 The god wanted the stones back.

2 It was very beautiful, so he forgot about his job.

3 The god got angry, so he buried them.

4 The god's daughter played with them, but they were too heavy.

C 주어진 우리말과 뜻이 같도록 문장을 완성해 보세요.

1 그녀는 그것들을 모두 지상으로 떨어뜨렸다.

→ _____ .

(all of them / she / to the earth / dropped)

2 그는 하늘에서 가장 힘센 남자를 보냈다 / 지상으로.

→ _____ / to the earth.

(the strongest man / sent / in the sky / he)

3 그들은 거문고 소리에 반했다.

→ _____ .

(fell in love with / they / of a geomungo / the sound)

4 그는 땅 위에 큰 돌 하나를 놓았다.

→ _____ .

(a big stone / he / on the ground / put)

Plastic Islands

A 주어진 의미에 맞는 단어를 <보기>에서 골라 빈칸을 채우세요.

보기	ocean	garbage	float	island	actually	piece	distance

부사 실제로, 사실은	**1** _____, I don't agree with you. 사실은, 저는 당신 말에 동의하지 않아요.
명사 바다, 대양	Swimming in the **2** _____ is very difficult. 바다에서 수영하는 것은 매우 어렵다.
명사 1. 먼 거리, 먼 곳 2. 거리	Jake just watched the soccer game from a **3** _____. Jake는 그저 멀리서 그 축구 경기를 지켜보았다.
명사 섬	The **4** _____ was full of tourists. 그 섬은 관광객들로 가득 차 있었다.
명사 조각, 부분	A **5** _____ of the puzzle is missing. 퍼즐의 한 조각이 없다.
명사 쓰레기	Please take out the **6** _____. 쓰레기 좀 내놓아 줘.
동사 1. (물 위에서) 떠 있다, 떠돌다 2. (가라앉지 않고 물에) 뜨다	The leaves will **7** _____ on water. 그 나뭇잎들은 물 위에 떠 있을 것이다.

B 아래 문장에서 주어에는 ○표, 동사에는 밑줄을 치세요.

> 보기   (They) are "garbage islands."

❶ They could be from any river or beach.

❷ Those spots are made of plastic and fishing nets.

❸ The ocean currents move them around.

❹ They are garbage spots, and those spots are made of plastic.

C 주어진 우리말과 뜻이 같도록 문장을 완성해 보세요.

❶ 그러나 당신은 어떤 섬들을 찾지 못할 것이다 / 세계 지도에서.

→ _____ / on a world map.

(some islands / you / but / won't find)

❷ 그것들은 멀리서 작은 섬들처럼 보인다.

→ _____.

(small islands / they / from a distance / look like)

❸ 그 플라스틱과 어망은 바다에 떠 있다.

→ _____.

(float / the plastic / on the ocean / and / fishing nets)

❹ 쓰나미가 쓰레기를 육지에서 바다로 옮길 수 있다.

→ Tsunamis _____.

(from the land / garbage / move / can / to the sea)

A 주어진 의미에 맞는 단어를 <보기>에서 골라 빈칸을 채우세요.

> 보기   jealous   run away   allow   give birth to   hide   order   jump

(아이를) 낳다	Usually, tigers ❶ two cubs. 보통, 호랑이는 두 마리의 새끼들을 낳는다.
형용사 질투하는	My sister is ❷ of Jenny. She sings well. 내 언니는 Jenny를 질투한다. 그녀는 노래를 잘 한다.
동사 명령하다	They will ❸ the soldier to go home. 그들은 그 군인에게 집으로 가라고 명령할 것이다.
동사 숨다	I wanted to ❹ from Mike. 나는 Mike로부터 숨고 싶었다.
동사 허락하다	Mom doesn't ❺ our dog on the sofa. 엄마는 우리 개가 소파 위에 있는 것을 허락하지 않는다.
도망치다	She tried to ❻ from the dog. 그녀는 그 개로부터 도망치려 했다.
동사 뛰다, 뛰어오르다	How high did he ❼ ? 그는 얼마나 높이 뛰었니?

B 아래 문장에서 주어에는 ○표, 동사에는 밑줄을 치세요.

> 보기   (It) <u>became</u> an island.

① Leto was the mother of Apollo and Artemis.

② She ordered the snake to eat Leto.

③ Soon, the rock stopped floating on the sea.

④ To run away from it, Leto jumped into the sea.

C 주어진 우리말과 뜻이 같도록 문장을 완성해 보세요.

① Leto는 Hera로부터 숨고 싶었다.

→ _____ .

(from Hera / to hide / wanted / Leto)

② Hera는 매우 화가 났다 / 그리고 Leto를 질투했다.

→ _____ / _____ .

(very angry / Leto / Hera / and jealous of / was)

③ Hera는 그녀를 허락하지 않았다 / 지상 어디에서도.

→ _____ / _____ .

(her / on the earth / didn't allow / anywhere / Hera)

④ Leto는 바위 위로 올라가서 / 그곳에서 (아기들을) 낳았다.

→ _____ / and gave birth there.

(climbed / onto / Leto / the rock)

04 Prison Island

A 주어진 의미에 맞는 단어를 <보기>에서 골라 빈칸을 채우세요.

보기	hour	have to	company	prison
	terrible	history	hundred	

명사 감옥, <u>교도소</u>	He spent 23 years in ❶ . 그는 <u>감옥</u>에서 23년을 보냈다.
명사 회사	What kind of ❷ does she work for? 그녀는 어떤 종류의 <u>회사</u>에서 일하나요?
명사 백, 100	My great-grandmother is almost one ❸ years old. 나의 증조할머니는 거의 <u>100</u>세이시다.
명사 시간	The plane will arrive in an ❹ . 비행기는 한 <u>시간</u> 후에 도착할 것이다.
명사 역사	She is interested in world ❺ . 그녀는 세계 <u>역사</u>에 관심이 있다.
형용사 끔찍한, 소름 끼치는	I just heard ❻ news. 나는 방금 <u>끔찍한</u> 소식을 들었다.
~해야 한다	You ❼ take this medicine. 너는 이 약을 복용<u>해야 한다</u>.

B 아래 문장에서 주어에는 ○표, 동사에는 밑줄을 치세요.

> 보기   (Many Japanese workers) <u>moved</u> there.

① In 1890, the Mitsubishi company bought the island.

② At that time, the island was called "Hell Island" or "Prison Island."

③ From the 1930s, Chinese and Korean workers started to live on the island.

④ No one lives on the island now, but you can find some buildings there.

C 주어진 우리말과 뜻이 같도록 문장을 완성해 보세요.

① 바다 밑에 석탄이 있었다.

→ _____.

(coal / there / under / the sea / was)

② 일본인들은 한국인 노동자들을 일하게 했다.

→ _____.

(work / made / Korean workers / the Japanese)

③ 노동자들은 끔찍한 환경에 처해 있었다.

→ _____.

(were / in terrible conditions / the workers)

④ 그들은 하루에 12시간 동안 일해야 했다.

→ _____.

(had to / for 12 hours / work / a day / they)

MEMO

MEMO

왓츠리딩

What's Reading

한눈에 보는
왓츠 Reading 시리즈

70 A|B | **80 A|B**

90 A|B | **100 A|B**

1 체계적인 학습을 위한 시리즈 및 난이도 구성
2 재미있는 픽션과 유익한 논픽션 50:50 구성
3 이해력과 응용력을 향상시키는 다양한 활동 수록
4 지문마다 제공되는 추가 어휘 학습
5 워크북과 부가자료로 완벽한 복습 가능
6 학습에 편리한 차별화된 모바일 음원 재생 서비스
   → 지문, 어휘 MP3 파일 제공

단계	단어 수 (Words)	Lexile 지수
70 A	60 ~ 80	200-400L
70 B	60 ~ 80	
80 A	70 ~ 90	300-500L
80 B	70 ~ 90	
90 A	80 ~ 110	400-600L
90 B	80 ~ 110	
100 A	90 ~ 120	500-700L
100 B	90 ~ 120	

* Lexile(렉사일) 지수는 미국 교육 연구 기관 MetaMetrics에서
  개발한 독서능력 평가지수로, 미국에서 가장 공신력 있는 지수로
  활용되고 있습니다.

Oh! My
PHONiCS & SPEAKiNG & GRAMMAR

◆ Oh! My 시리즈는 본문 전체가 영어로 구성된 ELT 도서입니다.　　◆ 세이펜이 적용된 도서로, 홈스쿨링 학습이 가능합니다.

My Oh! Phonics
오! 마이 파닉스

❶ 첫 영어 시작을 위한
유·초등 파닉스 학습서(레벨 1~4)

❷ 기초 알파벳부터
단/장/이중모음/이중자음 완성

❸ 초코언니 무료 유튜브 강의 제공

Flashcards

My Oh! SPEAKING
오! 마이 스피킹

❶ 말하기 중심으로 어휘,
문법까지 학습 가능(레벨1~6)

❷ 주요 어휘와 문장 구조가
반복되는 학습

❸ 초코언니 무료 유튜브 강의 제공

Flashcards

New

My Oh! Grammar
오! 마이 그래머

❶ 첫 문법 시작을 위한
초등 저학년 기초 문법서(레벨1~3)

❷ 흥미로운 주제와 상황을 통해
자연스러운 문법 규칙 학습

❸ 초코언니 무료 우리말 음성 강의 제공

파닉스 규칙을 배우고 스피킹과 문법 학습으로 이어가는 **유초등 영어의 첫 걸음!**

쎄듀 오! 마이 시리즈로 영어 자신감 UP! 탄탄한 초등 영어 습관을 만들어보세요!

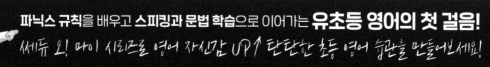

쎄듀

LISTENING Q

중학영어듣기 모의고사 시리즈

1 최신 기출을 분석한 유형별 공략

· 최근 출제되는 모든 유형별 문제 풀이 방법 제시
· 오답 함정과 정답 근거를 통해 문제 분석
· 꼭 알아두야 할 주요 어휘와 표현 정리

2 실전모의고사로 문제 풀이 감각 익히기

실전 모의고사 20회로 듣기 기본기를 다지고,
고난도 모의고사 4회로 최종 실력 점검까지!

3 매 회 제공되는 받아쓰기 훈련(딕테이션)

· 문제풀이에 중요한 단서가 되는
  핵심 어휘와 표현을 받아 적으면서 듣기 훈련!
· 듣기 발음 중 헷갈리는 발음에 대한 '리스닝 팁' 제공
· 교육부에서 지정한 '의사소통 기능 표현' 정리

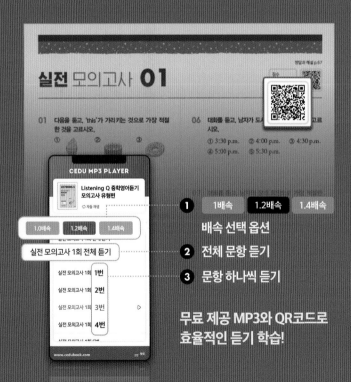

1 배속 선택 옵션

2 전체 문항 듣기

3 문항 하나씩 듣기

무료 제공 MP3와 QR코드로
효율적인 듣기 학습!

쎄듀

초 등 코 치
천일문 *sentence*

1,001개 통문장 암기로 영어의 기초 완성

1 | 초등학생도 쉽게 따라 할 수 있는 암기 시스템 제시

2 | 암기한 문장에서 자연스럽게 문법 규칙 발견

3 | 영어 동화책에서 뽑은 빈출 패턴으로 흥미와 관심 유도

4 | 미국 현지 초등학생 원어민 성우가 녹음한 생생한 MP3

5 | 세이펜(음성 재생장치)을 활용해 실시간으로 듣고 따라 말하는 효율적인 학습 가능
Role Play 기능을 통해 원어민 친구와 1:1 대화하기!

    * 기존 보유하고 계신 세이펜으로도 핀파일 업데이트 후 사용 가능합니다.
    * Role Play 기능은 '레인보우 SBS-1000' 이후 기종에서만 기능이 구현됩니다.

내신, 수능, 말하기, 회화
목적은 달라도
시작은 초등코치 천일문!

with 세이펜

• 연계 & 후속 학습에 좋은 초등코치 천일문 시리즈 •

**초등코치 천일문
GRAMMAR 1, 2, 3**
–
1,001개 예문으로
배우는 초등 영문법

**초등코치 천일문
VOCA & STORY 1, 2**
–
1001개의 초등 필수 어휘와
짧은 스토리

쎄듀북닷컴(www.cedubook.com)에서 부가 자료를 무료로 다운로드할 수 있습니다.

쎄듀

EGU

THE EASIEST GRAMMAR & USAGE

EGU 시리즈 소개

EGU 서술형 기초 세우기

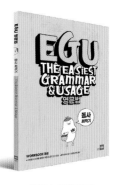

영단어&품사

서술형·문법의 기초가 되는
영단어와 품사 결합 학습

문장 형식

기본 동사 32개를 활용한
문장 형식별 학습

동사 써먹기

기본 동사 24개를 활용한
확장식 문장 쓰기 연습

EGU 서술형·문법 다지기

문법 써먹기

개정 교육 과정
중1 서술형·문법 완성

구문 써먹기

개정 교육 과정
중2, 중3 서술형·문법 완성

Read Along with Me!

Words
90 A

왓츠
리딩
What's Reading

김기훈 l 쎄듀 영어교육연구센터

정답과 해설

쎄듀

왓츠 리딩

What's Reading

Words

90 A

· 정답과 해설 ·

CHAPTER 1

Care for Others

01 A Man with a Lamp   pp.14 ~ 17

p. 15 Check Up	1 ②	2 (a) ○ (b) ○ (C) ✕	3 the blind man	4 ④	5 ③

p. 16 Build Up	1 (C)	2 (A)	3 (B)

p. 16 Sum Up	ⓐ appeared	ⓑ see	ⓒ carrying	ⓓ answered	ⓔ each other

p. 17 Look Up

A 1 lamp   2 carry   3 dark

B 1 blind - 눈이 먼   2 answer - 대답하다

  3 get lost - 길을 잃다   4 care about - 걱정하다, 마음을 쓰다

C 1 carry   2 surprised   3 appeared

Check Up

1 자신은 앞을 못 보지만 다른 사람을 위해 밤길에 등불을 들고 가는 남자의 따뜻한 배려심을 표현한 글이다. 따라서 정답은 ②이다.

2 (a) 나그네는 밤에 길을 걸어가고 있던 중, 길을 잃었다고(One night, a traveler was walking down a road. It was dark, and he got lost.) 했으므로 글의 내용과 맞다.

(b) 한 남자는 등불을 가지고 나그네를 향해 걷는 중이었고, 그는 앞을 보지 못했다고(The man was walking toward the traveler with a lamp. ~ the man was blind!) 했으므로 글의 내용과 맞다.

(c) 앞을 보지 못하는 남자는 나그네에게 맞는 길을 알려 주었다고(After that, the blind man showed the right way to the traveler.) 했으므로 글의 내용과 틀리다.

3 밑줄 친 ⓐ 앞에서는 앞을 보지 못하는 남자가 나그네에게 길을 알려 주었고, 그가 자기 자신보다 다른 사람들을 걱정했다는 내용이므로 밑줄 친 ⓐ는 앞을 보지 못하는 남자를 가리킨다. 따라서 정답은 the blind man(앞을 보지 못하는 남자)이다.

4 빈칸 (A) 앞에서는 나그네가 놀랐다는 내용이며, 빈칸 뒤에서는 그가 놀란 이유가 등장하므로 정답은 ④이다.
① 그래서   ② 하지만   ③ ~할 때   ④ 왜냐하면

5 앞을 보지 못하는 남자가 다른 사람을 위해 등불을 들고 다닌다는 내용의 글이며, 글의 마지막 문장에서 '그의 따뜻한 마음이 등불보다 더 밝았다'는 내용은 자신보다 남을 더 걱정한 앞을 보지 못하는 남자의 마음을 설명한다. 따라서 정답은 ③이다.

Build Up

❶ 나그네는 길을 잃었다	—	(C) 그러나 그는 등불을 든 남자를 발견했다.

❷ 나그네는 놀랐다	—	(A) 그 남자가 앞을 보지 못했기 때문에.

❸ 앞을 보지 못하는 남자는 등불을 가지고 있었다 ─ (B) 그가 다른 사람들을 걱정했기 때문에.

Sum Up

어느 밤, 나그네는 길을 잃었다. 곧, 등불을 든 앞을 보지 못하는 남자가 ⓐ 나타났다. 나그네는 놀랐다. 그 남자는 ⓑ 볼 수 없는데 등불을 가지고 있었다. 나그네는 "당신은 왜 등불을 ⓒ 들고 가시나요?"라고 물었다. 그 앞을 보지 못하는 남자는 "그래야 사람들이 저를 볼 수 있거든요. 그러면 우리는 ⓔ 서로 부딪치지 않을 겁니다." 라고 ⓓ 대답했다.

끊어서 읽기

어느 밤, / 한 나그네가 길을 따라 걷고 있었다. 어두웠다, // 그리고 그는 길을 잃었다.
¹One night, / a traveler was walking down a road. ²It was dark, // and he got lost.

그런데 길 반대쪽에서, / 반짝이는 등불이 나타났다. 그가 그 빛에
³But from the other side of the road, / a twinkling lamp appeared. ⁴When he was

가까웠을 때, // 그는 한 남자를 보았다. 그 남자는 걸어오고 있었다 / 나그네를 향해 /
close to the light, // he saw a man. ⁵The man was walking / toward the traveler /

등불을 들고. 나그네는 놀랐다 // 그 남자가 앞을 보지 못했기 때문에!
with a lamp. ⁶The traveler was surprised // because the man was blind!

나그네는 물었다. // "당신은 볼 수 없으시네요. 왜 등불을 들고 가시나요?" 앞을 보지 못하는
⁷The traveler asked, // "You can't see. ⁸Why are you carrying a lamp?" The blind

남자는 대답했다. // "그래야 사람들이 저를 볼 수 있거든요. 그러면 우리는 부딪치지 않을 겁니다 /
man answered, // "So people can see me. ¹⁰Then we won't bump into / each

서로." 그 후에, / 그 앞을 보지 못하는 남자는 알려 주었다 / 맞는 길을 / 나그네에게.
other." ¹¹After that, / the blind man showed / the right way / to the traveler.

그는 다른 사람들을 걱정했다 / 자신보다 더 많이. 그의 따뜻한 마음은 더 밝았다 /
¹²He cared about others / more than himself. ¹³His warm heart was brighter /

등불보다.
than a lamp.

우리말 해석

등불을 가진 남자

¹어느 밤, 한 나그네가 길을 따라 걷고 있었습니다. ²어두워서, 그는 길을 잃었습니다. ³그런데 길 반대쪽에서 반짝이는 등불이 나타났습니다. ⁴그가 그 빛에 가까웠을 때, 그는 한 남자를 보았습니다. ⁵그 남자는 등불을 들고 나그네를 향해 걸어오고 있었습니다. ⁶그 남자가 앞을 보지 못했기 때문에 나그네는 놀랐어요!

⁷나그네는 "당신은 볼 수 없으시네요. ⁸왜 등불을 들고 가시나요?"라고 물었습니다. ⁹앞을 보지 못하는 남자는 "그래야 사람

들이 저를 볼 수 있거든요. ¹⁰그러면 우리는 서로 부딪치지 않을 겁니다."라고 대답했습니다. ¹¹그 후에, 그 앞을 보지 못하는 남자는 나그네에게 맞는 길을 알려 주었습니다. ¹²그는 자신보다 다른 사람들을 더 걱정했습니다. ¹³그의 따뜻한 마음은 등 불보다 더 밝았습니다.

🌿 주요 문장 분석하기

²It was dark, and he *got lost*.
→ It은 시간, 날짜, 날씨, 명암 등을 나타낼 때 쓰이며, '그것'으로 해석하지 않는 비인칭 주어이다.
→ 「get[got] lost」는 '길을 잃다[잃었다]'의 의미이다.

⁶The traveler was surprised **because** the man was blind!
　　　주어　　　동사　　보어　　　　　　주어'　　동사　　보어'
→ because는 '~하기 때문에'라는 의미로 이유를 나타내는 문장을 연결하는 접속사이다.

¹²He cared about others **more than** *himself*.
　주어　　　동사　　　목적어
→ 「부사의 비교급+than+비교 대상」의 형태로 '~보다 더 …하게'를 의미한다. 여기서 more은 much(많이)의 비교급이다.
→ himself는 '그(남자) 자신'이라는 의미로, 주어 He와 동일 인물이다.

02　Franklin's Favor　　　　　　　　　pp.18 ~ 21

p. 19 Check Up	1 ②　　2 (a) ✕　(b) ○　(C) ○　　3 ①　　4 ③

p. 20 Build Up	ⓐ like	ⓑ borrowed	ⓒ returned	ⓓ friendly	ⓔ friends

p. 20 Sum Up	ⓐ knew	ⓑ lent	ⓒ like	ⓓ help	ⓔ effect

p. 21 Look Up	A	1 person	2 friendly	3 borrow
	B	1 scientist - 과학자	2 decide - 결심하다	
		3 lend - 빌려주다	4 favor - 부탁	
	C	1 knows	2 return	3 friendly

Check Up

1 벤자민 프랭클린이 자신을 좋아하지 않는 사람에게 책을 빌려 달라고 요청하였고, 이후 그 사람과 좋은 친구가 되었다는 일화를 소개하는 내용이다. 마지막에 이를 벤자민 프랭클린 효과라 부른다고(This is called the Benjamin Franklin effect.) 했으므로 정답은 ②이다.

2 (a) 몇몇 사람들은 프랭클린을 좋아하지 않았고, 프랭클린은 이에 대해 알고 있었다고(Some people didn't like him. Franklin knew about this ~.) 했으므로 글의 내용과 틀리다.

(b) 프랭클린은 자신에게 책을 빌려준 사람에게 감사 편지를 썼고, 책을 돌려주었다고(Later, Franklin wrote a thank-you letter to him and returned the book.) 했으므로 글의 내용과 맞다.

(c) 누군가가 우리에게 도움을 요청하면, 우리는 그 사람에게 친절해진다고(When someone asks us for help, we become friendly with that person.) 했으므로 글의 내용과 맞다.

3 빈칸 앞에서는 프랭클린이 자신을 좋아하지 않는 사람에게 부탁을 했다는 내용이며, 빈칸 뒤에서는 그들이 좋은 친구가 되었다는 내용이다. 따라서 빈칸을 포함한 문장은 그 사람이 프랭클린을 '좋아하기' 시작했다는 내용이어야 흐름상 자연스럽다.

① 좋아하다　② 알다　③ 요청하다　④ 부르다

4 프랭클린의 일화를 예시로 들면서, '벤자민 프랭클린 효과'를 설명하는 글이다. 우리가 자신에게 도움을 요청한 사람에게 친절해지는 것이 인간 본성이라고(When someone asks us for help, we become friendly with that person. That's human nature.) 하면서 글을 마무리하였으므로, 정답은 ③이다.

Build Up

문제	몇몇 사람들은 벤자민 프랭클린을 **a** 좋아하지 않았다.

↓

해결책	• 프랭클린은 그들 중 한 명에게 책을 **b** 빌렸다. • 프랭클린은 그 사람에게 감사 편지를 썼고 그 책을 **c** 돌려줬다.

↓

결과	그 사람은 프랭클린에게 **d** 친절해졌고, 나중에 그들은 좋은 **e** 친구가 되었다.

Sum Up

　프랭클린은 몇몇 사람들이 자신을 좋아하지 않는다는 것을 **a** 알았다. 어느 날, 그는 그들 중 한 명에게 책을 빌려 달라고 요청했고, 그 사람은 그에게 책을 **b** 빌려주었다. 나중에, 프랭클린은 감사 편지와 함께 책을 돌려주었다. 곧, 그 사람은 프랭클린을 **c** 좋아하기 시작했다. 누군가가 우리에게 **d** 도움을 요청할 때, 우리는 그 사람에게 친절해진다. 이것은 벤자민 프랭클린 **e** 효과라고 불린다.

⚘ 끊어서 읽기

벤자민 프랭클린은 유명한 과학자였다.　　　　　몇몇 사람들은 그를 좋아하지 않았다.

¹Benjamin Franklin was a famous scientist. ²Some people didn't like him.

프랭클린은 이것에 대해 알았다　/　그리고 결심했다　/　그들에게 부탁을 하기로.

³Franklin knew about this / and decided / to ask them a favor.

프랭클린은 요청했다　/　책을 한 권 빌리기를　/　그들 중 한 명에게.　　　그 사람은

⁴Franklin asked / to borrow a book / from one of them. ⁵That person was

놀랐다,　　// 하지만 그는 책을 빌려주었다　/　프랭클린에게.　　나중에, / 프랭클린은 감사 편지를 썼다

surprised, // but he lent the book / to Franklin. ⁶Later, / Franklin wrote a thank-

/ 그에게 / 그리고 그 책을 돌려주었다. 그 사람은 시작했다 /

you letter / to him / and returned the book. ⁷That person started / to like

프랭클린을 좋아하기를. 곧, / 그들은 좋은 친구가 되었다.

Franklin. ⁸Soon, / they became good friends.

이것은 벤자민 프랭클린 효과라고 불린다. 누군가 우리에게 요청할 때 / 도움을, //

⁹This is called the Benjamin Franklin effect. ¹⁰When someone asks us / for help, //

우리는 친절해진다 / 그 사람에게. 그것은 인간 본성이다.

we become friendly / with that person. ¹¹That's human nature.

🌿 우리말 해석

프랭클린의 부탁

¹벤자민 프랭클린은 유명한 과학자였습니다. ²몇몇 사람들은 그를 좋아하지 않았어요. ³프랭클린은 이것에 대해 알고 그들에게 부탁을 하기로 결심했습니다.
⁴프랭클린은 그들 중 한 명에게 책을 한 권 빌려 달라고 요청했어요. ⁵그 사람은 놀랐지만, 프랭클린에게 책을 빌려주었죠. ⁶나중에, 프랭클린은 그에게 감사 편지를 써서 그 책을 돌려주었습니다. ⁷그 사람은 프랭클린을 좋아하기 시작했습니다. ⁸곧, 그들은 좋은 친구가 되었어요.
⁹이것은 벤자민 프랭클린 효과라고 불립니다. ¹⁰누군가 우리에게 도움을 요청할 때, 우리는 그 사람에게 친절해지죠. ¹¹그것은 인간 본성입니다.

🌿 주요 문장 분석하기

⁴Franklin **asked to borrow** a book from *one of them*.
　　　　주어　　　동사　　　목적어

→ 「ask[asked]+to+동사원형」은 '~하는 것을 요청하다[요청했다]'라는 의미이다. to borrow a book은 '책을 빌리는 것'으로 해석하며, 동사 asked의 목적어이다.

→ one of them은 「one of+복수(대)명사」의 형태로 '그들 중의 하나'라는 의미이다. 여기서 them은 앞 문장에서 등장한 '프랭클린을 좋아하지 않는 사람들'을 가리킨다.

⁸Soon, they **became** *good friends*. ¹⁰~, we **become** *friendly* with that person.
　　　주어　　동사　　　보어　　　　　　　주어　　동사　　　보어

→ 동사 become[became] 뒤에 명사가 올 때는 '~가 되다[되었다]'라고 해석하며, 형용사가 올 때는 '~해지다[해졌다]'라고 해석한다.

→ 명사 good friends는 주어 they, 형용사 friendly는 주어 we를 각각 보충 설명한다.

⁹This **is called** the Benjamin Franklin effect.
　주어　　동사　　　　　　보어

→ 「is[are] called+명사」는 '~라고 불리다'라는 뜻이다.

→ the Benjamin Franklin effect는 주어 This를 보충 설명한다.

p. 23	Check Up	1 ②	2 (a)○ (b)○ (c)×	3 ③	4 ⓐ: fed ⓑ: proud
p. 24	Build Up	ⓐ cut	ⓑ introduced	ⓒ fed	ⓓ tables	ⓔ opened

p. 24	Sum Up	2 → 3 → 4 → 1

p. 25	Look Up	A	1 introduce	2 leave	3 feed
		B	1 full - 가득 찬; 배부른	2 at first - 처음에는	
			3 vegetable - 채소	4 proud - 자랑스러운	
		C	1 fed	2 set	3 arrive

Check Up

1 Will 삼촌과 함께 무료 급식소에서 봉사한 하루에 대한 내용이므로 정답은 ②이다.

2 (a) Will 삼촌은 무료 급식소에서 일한다고(Uncle Will works at a soup kitchen.) 했으므로 글의 내용과 맞다.
(b) 무료 급식소에 도착했을 때, Will 삼촌은 글쓴이 '나'를 도우미들에게 소개했다고(When we arrived, Uncle Will introduced me to the other helpers.) 했으므로 글의 내용과 맞다.
(c) 글쓴이 '내'가 문을 열었을 때, 줄을 선 사람들이 안으로 들어왔다고(When I opened the door, people in line came inside.) 했으므로, 밖에 사람들이 있었다는 것을 알 수 있다.

3 빈칸을 포함한 문장 앞에서는 처음에 사람들이 배고파 보였다는 내용이며, 이어서 그들이 배불러 보였다는 내용이 등장하므로, 빈칸에는 시간을 나타내는 접속사 when이 가장 알맞다.
① 그래서 ② 또는 ③ ~할 때 ④ 왜냐하면

4
> 나는 무료 급식소에 가서 Will 삼촌을 도왔다. 그날 우리는 많은 사람들에게 ⓐ 먹을 것을 주었다. 나는 그가 매우 ⓑ 자랑스러웠다.

Build Up

Will 삼촌은
• 채소를 좀 ⓐ 썰었다.
• 다른 도우미들에게 나를 ⓑ 소개했다.

Will 삼촌과 나는
• 잠깐 들러서 닭고기를 샀다.
• 많은 사람들에게 ⓒ 먹을 것을 주었다.

나는
• ⓓ 식탁을 준비했다.
• 문을 ⓔ 열었다.

Sum Up

❷ 무료 급식소에 가는 도중에, 삼촌과 나는 닭고기를 좀 샀다. → ❸ 우리가 무료 급식소에 도착했을 때, 그곳에서 다른 도우미들을 만났다. →

🌾 끊어서 읽기

Will 삼촌은 일하신다 /   무료 급식소에서.   그는 나에게 말한다 /   그의 일에 대해 많은 것을.
¹Uncle Will works / at a soup kitchen. ²He tells me / many things about his work.

지난 월요일에, /   나는 무료 급식소에 갔다   /   Will 삼촌과 함께.   가는 도중에, / 우리는
³Last Monday, / I went to the soup kitchen / with Uncle Will. ⁴On the way, / we

잠깐 들렀다 /   그리고 닭고기를 좀 샀다   /   그날의 메뉴를 위해.   우리가 도착했을 때,   //
stopped / and bought some chicken / for that day's menu. ⁵When we arrived, //

Will 삼촌은 나를 소개했다   /   다른 도우미들에게.   그는 채소를 좀 썰었다, // 그리고
Uncle Will introduced me / to the other helpers. ⁶He cut some vegetables, // and

나는 식탁을 준비했다.
I set the tables.

내가 문을 열었을 때,   //   줄을 선 사람들이 / 안으로 들어왔다.   곧, / 무료 급식소는
⁷When I opened the door, // people in line / came inside. ⁸Soon, / the soup

가득 찼다.   사람들은 배고파 보였다 /   처음에.   그러나 그들은 배불러 보였다 //
kitchen was full. ⁹People looked hungry / at first. ¹⁰But they looked full // when

그들이 떠날 때. 우리는 먹을 것을 주었다 /   121명의 사람들에게.   나는 삼촌이 매우 자랑스러웠다.
they left. ¹¹We fed / one hundred twenty-one people. ¹²I was very proud of my

uncle.

🌾 우리말 해석

무료 급식소

¹Will 삼촌은 무료 급식소에서 일하십니다. ²그는 내게 삼촌의 일에 대해 많은 것을 말해 주십니다. ³지난 월요일에, 나는 Will 삼촌과 함께 무료 급식소에 갔습니다. ⁴가는 길에, 우리는 잠깐 들러서 그날의 메뉴로 닭고기를 좀 샀습니다. ⁵우리가 도착했을 때, Will 삼촌은 나를 다른 도우미들에게 소개했습니다. ⁶그는 채소를 좀 자르고, 나는 식탁을 준비했습니다. ⁷내가 문을 열자, 줄을 선 사람들이 안으로 들어왔습니다. ⁸곧, 무료 급식소는 가득 찼습니다. ⁹사람들은 처음에는 배고파 보였습니다. ¹⁰그러나 그들이 떠날 때, 그들은 배불러 보였습니다. ¹¹우리는 121명의 사람들에게 먹을 것을 주었습니다. ¹²나는 삼촌이 매우 자랑스러웠습니다.

He **tells** me *many things* [about his work].
주어 동사 간접목적어   직접목적어

→ 「tell+간접목적어+직접목적어」의 형태로 '~에게 …을 말하다'이다. 간접목적어는 '~에게', 직접목적어는 '…을[를]'로 해석한다.

→ about his work는 앞에 many things를 뒤에서 꾸며준다.

When I opened the door, **people** [in line] came inside.
      주어' 동사'   목적어'   주어   동사

→ when은 '~할 때'라는 의미로, 시간을 나타내는 문장을 연결해 주는 접속사이다.

→ in line은 앞에 있는 명사 people을 뒤에서 꾸며준다.

People **looked hungry** at first.
주어   동사   보어

→ 「look[looked]+형용사」는 '~하게 보이다[보였다]'라는 의미이다.

04 Place for the Hungry
pp.26 ~ 29

p. 27 Check Up	1 ②	2 ④	3 ③	4 ③	5 ⓐ: served ⓑ: give out
p. 28 Build Up	1 (B)	2 (C)	3 (A)		
p. 28 Sum Up	ⓐ around	ⓑ lost	ⓒ each	ⓓ serve	ⓔ low
p. 29 Look Up	A 1 serve	2 give out	3 low		
	B 1 meal - 식사, 끼니	2 soup - 수프			
	3 price - 가격	4 still - 아직도, 여전히			
	C 1 add	2 free	3 chose		

Check Up

1 soup kitchen은 무엇이며, 예전과 오늘날의 모습이 어떻게 달라졌는지를 설명하는 글이므로 정답은 ②이다.

2 오늘날의 soup kitchen은 음식과 옷도 제공한다고(Today, they serve food and give out clothes, too.) 했지만, 일자리를 제공한다는 내용은 없으므로 정답은 ④이다.

3 soup kitchen은 더 많은 사람들에게 음식을 제공하기 위해 수프를 선택했다고(They chose soup because they could add water to the soup and serve it to more people.) 했으므로 정답은 ③이다.

4 빈칸 앞 문장에서는 오늘날 soup kitchen이 하는 일에 대한 설명이 등장하며, 빈칸을 포함한 문장에서는 일부 soup kitchen이 하는 일을 설명하는 내용이다. 빈칸 뒤에서 '낮은 가격에 음식'이라는 내용으로 보아, 빈칸에는

'팔다'라는 의미를 가진 sell이 가장 자연스럽다.
① 더하다   ② 키우다   ③ 팔다   ④ 돌려주다

5 처음에 soup kitchen은 수프와 빵을 ⓐ 제공했다. 오늘날 그곳들은 아직도 존재하며 심지어 ⓑ 옷을 나눠 준다.

Build Up

❶ soup kitchen은 무엇인가요? ─ (B) 돈이 거의 없거나 집이 없는 사람들을 위한 장소이다. 누구나 무료 식사를 할 수 있다.

❷ soup kitchen은 미국에서 언제 시작되었는가? ─ (C) 1929년쯤에 시작되었다.

❸ soup kitchen은 오늘날 무엇을 하는가? ─ (A) 음식을 제공하고 옷을 나눠 준다. 몇몇은 낮은 가격에 음식을 팔기도 한다.

Sum Up

soup kitchen은 ⓐ 1929년쯤에 미국에서 시작되었다. 그때 당시 대공황 때문에, 1,200만 명의 사람들은 그들의 일자리를 ⓑ 잃었다. 어느 도시에나 soup kitchen이 있었고, ⓒ 각 soup kitchen에 매일 약 2,000명의 방문객이 있었다. 오늘날, soup kitchen은 음식을 ⓓ 제공하고 옷을 나눠 준다. 그중 일부는 ⓔ 낮은 가격에 음식을 판다.

끊어서 읽기

soup kitchen은 ~이다 /   사람들을 위한 장소 /   돈이 거의 없거나 집이 없는.   그곳에서, /
¹A soup kitchen is / a place for people / with little money or no home. ²There, /

    누구나 할 수 있다 /   무료 식사를.   처음에, /   soup kitchen은 제공했다 / 수프와 빵을.
everyone can have / a free meal. ³At first, / soup kitchens served / soup and

        그들은 수프를 선택했다 //   그들이 물을 더할 수 있었기 때문에 /   수프에 /   그리고
bread. ⁴They chose soup // because they could add water / to the soup / and

그것을 더 많은 사람들에게 제공할 (수 있었기 때문에).
serve it to more people.

    soup kitchen은 시작되었다 /   미국에서 /   1929년쯤에.   적어도 1,200만 명의 사람들이 /
⁵Soup kitchens started / in the U.S. / around 1929. ⁶At least 12 million people /

그들의 일자리를 잃었다 /   대공황 때문에.   soup kitchen이 있었다 /
lost their jobs / because of the Great Depression. ⁷There was a soup kitchen / in

어느 도시와 마을에나.   각 soup kitchen에는 / 약 2,000명의 방문객이 있었다 / 매일.

every city and town. ⁸Each soup kitchen / had about 2,000 visitors / every day.

soup kitchen은 여전히 존재한다.   오늘날, / 그들은 음식을 제공한다 / 그리고 또한 옷을 나눠 준다.

⁹Soup kitchens still exist. ¹⁰Today, / they serve food / and give out clothes, too.

일부 soup kitchen은 음식을 팔기도 한다   /   낮은 가격에.

¹¹Some soup kitchens even sell food / at a low price.

🌿 우리말 해석

배고픈 사람들을 위한 장소

¹soup kitchen은 돈이 거의 없거나 집이 없는 사람들을 위한 장소입니다. ²그곳에서는 누구나 무료 식사를 할 수 있어요. ³처음에, soup kitchen에서는 수프와 빵을 제공했습니다. ⁴그곳은 수프에 물을 더해서 더 많은 사람들에게 음식을 제공할 수 있었기 때문에 수프를 선택했습니다.

⁵soup kitchen은 1929년쯤에 미국에서 시작되었습니다. ⁶적어도 1,200만 명의 사람들이 대공황 때문에 일자리를 잃었어요. ⁷어느 도시와 마을에나 soup kitchen이 있었죠. ⁸각 soup kitchen에 매일 약 2,000명의 사람들이 방문했습니다.

⁹soup kitchen은 여전히 존재합니다. ¹⁰오늘날, 그곳은 음식을 제공하고 옷도 나눠 줍니다. ¹¹일부 soup kitchen에서는 저렴한 가격에 음식을 팔기도 합니다.

🌿 주요 문장 분석하기

⁴They chose soup **because** they *could add* water to the soup *and (could) serve*
   주어   동사   주어′   동사1′   목적어1′   동사2′

it to more people.
목적어2′

→ because는 '~하기 때문에'라는 의미로 이유를 나타내는 문장과 문장을 연결하는 접속사이다.

→ 동사 could add와 serve가 and로 연결되어 있으며, 반복을 피하기 위해 serve 앞에 있는 조동사 could는 생략되었다.

⁶At least 12 million people lost their jobs **because of** the Great Depression.
            주어   동사   목적어

→ 「because of+명사」는 '~ 때문에'라고 해석한다.

⁷There was a soup kitchen in **every** *city and town*.

→ 「every+단수명사」는 '어느 ~이나, 모든'를 의미한다.

⁸**Each** soup kitchen had about 2,000 visitors *every day*.

→ 「each+단수명사」는 '각각의, 각자의'를 의미한다.

→ every 뒤에 시간을 나타내는 단어가 오면 빈도를 의미하므로, '매~, ~마다'로 해석한다.

Jobs

CHAPTER 2

01 Career Day

pp.32 ~ 35

p. 33 **Check Up**	1 ③ 2 (a)○ (b)✕ 3 ④ 4 ② 5 ⓐ: guests ⓑ: interesting
p. 34 **Build Up**	ⓐ wears ⓑ buildings ⓒ takes care of ⓓ teacher ⓔ brought
p. 34 **Sum Up**	ⓐ guests ⓑ work ⓒ teaches ⓓ taught ⓔ Grown-ups
p. 35 **Look Up**	A 1 bring 2 teach 3 take care of B 1 interesting - 흥미로운 2 special - 특별한 3 grown-up - 어른 4 guest - 손님 C 1 work 2 brought 3 grew up

Check Up

1 학교 행사인 커리어 데이를 맞이하여 초대된 손님들이 자신의 직업을 설명하는 내용이다. 따라서 가장 알맞은 정답은 ③이다.

2 (a) Paul의 아버지는 건물을 짓는다고(He builds buildings.) 했으므로 건축 관련 일을 한다는 것을 알 수 있다. (b) 병원에서 아기를 돌보는 사람은 Linda의 어머니라고(The next guest was Linda's mother. She's a nurse, and she takes care of babies.) 했으므로 글의 내용과 틀리다.

3 밑줄 친 ⓐ는 Olivia 선생님의 손님으로 이름은 Kelly이며, 대학에서 가르친다고(Our teacher, Ms. Olivia, also brought a guest. His name is Mr. Kelly, and he teaches at college.) 했다. 그는 10년 전에 Olivia 선생님을 가르쳤다고(He taught our teacher too, ten years ago.) 했으므로 그는 Olivia 선생님의 학생이 아니라 선생님이었다. 따라서 정답은 ④이다.

4 빈칸 앞에서 커리어 데이에 학생들과 선생님이 초대한 손님들이 자신이 하는 일에 대해 설명하고 있으므로, 어른들이 흥미로운 '직업들(careers)'을 가지고 있다고 해야 흐름상 자연스럽다.
① 손님들 ② 직업들 ③ 수업들 ④ 날들

5
> Olivia 선생님과 그녀의 학생들은 커리어 데이를 위해 자신의 일에 대해 말해줄 특별한 ⓐ 손님들을 데려왔다. 그분들은 모두 ⓑ 흥미로운 직업을 가지고 있다.

<table>
<tr><td>

Paul의 아버지는
- 직장에서 안전모를 **a** 쓴다.
- **b** 건물들을 짓는다.

</td><td>→</td><td>

Linda의 어머니는
- 간호사이다.
- 아기들을 **c** 돌본다.

</td><td>→</td><td>

Olivia 선생님은
- 학교 **d** 선생님이다.
- 손님인 Kelly 교수님을 **e** 데려왔다.

</td></tr>
</table>

Sum Up

오늘, 많은 **a** 손님들이 우리 반을 방문해서 자신의 **b** 일에 대해 말했다. Paul의 아버지는 건물들을 짓는다. Linda의 어머니는 아기들을 돌본다. Kelly 교수님은 대학에서 **c** 가르친다. 그는 10년 전에 우리 선생님을 **d** 가르쳤다. **e** 어른들은 흥미로운 직업들을 가지고 있다!

⅍ 끊어서 읽기

오늘은 특별한 날이었다.   많은 손님들이 우리 반을 방문했다   / 커리어 데이를 위해.   그들은

¹Today was a special day. ²Many guests visited our class / for career day. ³They

말했다   /   그들의 일에 대해.

talked / about their work.

첫 손님은 Paul의 아버지였다.   그는 쓰고 있었다 /   안전모를.   그는 건물들을 짓는다.

⁴The first guest was Paul's father. ⁵He wore / a safety helmet. ⁶He builds buildings.

다음 손님은 Linda의 어머니였다.   그녀는 간호사이다. //   그리고 그녀는 아기들을 돌본다.

⁷The next guest was Linda's mother. ⁸She's a nurse, // and she takes care of babies.

그녀는 말했다 //   아기들이 귀엽다고,   / 하지만 그들은 많이 운다고.   우리 선생님인,   /

⁹She said // that the babies were cute, / but they cried a lot. ¹⁰Our teacher, /

Olivia 선생님은, / 또한 손님 한 명을 데려왔다.   그의 이름은 Kelly 교수님이다. // 그리고 그는 가르친다 /

Ms. Olivia, / also brought a guest. ¹¹His name is Mr. Kelly, // and he teaches / at

대학에서.   그는 우리의 선생님도 가르쳤다,   /   10년 전에.

college. ¹²He taught our teacher too, / ten years ago.

어른들은 가지고 있다 /   흥미로운 직업들!   나는 무엇이 될까   //   내가 자라면?

¹³Grown-ups have / interesting careers! ¹⁴What will I become // when I grow up?

⅍ 우리말 해석

커리어 데이

¹오늘은 특별한 날이었습니다. ²많은 손님들이 커리어 데이를 맞아 우리 반을 방문하셨어요. ³그들은 자신의 일에 대해 말씀해 주셨습니다.

⁴첫 손님은 Paul의 아버지였습니다. ⁵그는 안전모를 쓰고 계셨어요. ⁶그는 건물들을 짓습니다. ⁷다음 손님은 Linda의 어머니였어요. ⁸그녀는 간호사이고, 아기들을 돌봅니다. ⁹그녀는 아기들은 귀엽지만, 많이 운다고 말씀하셨어요. ¹⁰우리 선생님인 Olivia 선생님도 손님 한 분을 데려오셨어요. ¹¹그의 이름은 Kelly 교수님이고, 대학에서 (학생들을) 가르칩니다. ¹²그분은 10년 전에 우리 선생님도 가르치셨대요.

¹³어른들은 흥미로운 직업들을 가지고 있어요! ¹⁴나는 자라서 무엇이 될까요?

🌿 주요 문장 분석하기

⁸She's a nurse, **and** she takes care of babies.
주어1 동사1 보어1 　　　주어2　동사2　　목적어2

→ and는 문장과 문장을 연결하는 접속사이다.

⁹She **said** (**that**) the babies were cute, ***but*** they cried a lot.
주어　동사　　　　　　　　　　목적어

→ 동사 said는 「(that)+주어+동사」 형태의 목적어를 가질 수 있다.

→ that 이하는 '~인 것, ~하다는 것'으로 해석하며, 동사 said의 목적어이므로 that은 생략 가능하다.

→ but은 '하지만, 그러나'를 의미하며, 반대되는 내용의 문장을 연결하는 접속사이다.

---

02 The Garbage Collectors　　　pp.36 ~ 39

p. 37 **Check Up**	1 ①	2 ④	3 ②	4 ③	5 ⓐ: recycle　ⓑ: sell
p. 38 **Build Up**	ⓐ sell	ⓑ bring	ⓒ garbage	ⓓ sort	
	3→2→4→1				
p. 38 **Sum Up**	ⓐ collect	ⓑ give	ⓒ sell	ⓓ a month	
p. 39 **Look Up**	A 1 sell	2 collect	3 sort		
	B 1 about - 약; ~에 관한	2 make money - 돈을 벌다			
	3 problem - 문제	4 garbage - 쓰레기			
	C 1 means	2 causes	3 full		

Check Up

1 이집트 카이로에 있는 마을에 사는 Zabbaleen에 대한 내용이다. 쓰레기를 모아 그것을 분류하고 재활용해서 생계를 유지하는 그들의 생활 방식에 대한 내용이므로 정답은 ①이다.

2 Zabbaleen은 돈을 많이 벌지 못한다고(But the *Zabbaleen* don't make much money.) 했으므로, 글의 내용과 틀린 것은 ④이다.

3 밑줄 친 ⓐ의 앞 문장에서는 Zabbaleen이 집집마다 다니며 쓰레기를 모은다고 했으므로 ⓐ는 '쓰레기(garbage)'

를 가리킨다.

① 음식 ② 쓰레기 ③ 문 ④ 돈

4 빈칸 앞에서는 Zabbaleen이 돈을 많이 벌지 못한다고 했고, 빈칸 뒤에는 쓰레기가 많은 건강 문제의 원인이 된다고 했다. 빈칸을 포함한 문장은 Zabbaleen이 겪고 있는 어려움을 추가로 설명하는 내용이므로, 빈칸에는 접속사 Also(또한)가 흐름상 가장 자연스럽다.

① 그래서 ② 또는 ③ 또한 ④ 그러나

5

> Zabbaleen은 쓰레기의 약 80%를 ⓐ 재활용한다. 그들은 돈을 벌기 위해 쓰레기를 모으고 금속과 같은 것들을 ⓑ 판다.

Build Up

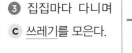 → 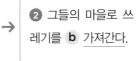 → 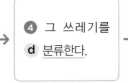 →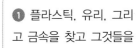

③ 집집마다 다니며 ⓒ 쓰레기를 모은다. → ② 그들의 마을로 쓰레기를 ⓑ 가져간다. → ④ 그 쓰레기를 ⓓ 분류한다. → ① 플라스틱, 유리, 그리고 금속을 찾고 그것들을 ⓐ 판다.

Sum Up

Zabbaleen: 쓰레기 수집가들	
그들은 무엇을 하는가?	그들은 쓰레기를 ⓐ 모은다.
그들은 어디서 사는가?	그들은 카이로에 있는 마을에서 산다.
그들은 쓰레기로 무엇을 하는가?	그들은 음식물 쓰레기를 그들의 돼지들에게 ⓑ 준다. 그들은 쓰레기에서 나온 금속과 같은 물건들도 ⓒ 판다.
그들은 돈을 얼마나 버는가?	그들은 ⓓ 한 달에 겨우 약 60에서 75달러를 번다.

끊어서 읽기

Zabbaleen은 의미한다 / '쓰레기(를 모으는) 사람들'을 / 이집트 아랍어로.　그들은 다닌다 / 집집마다
¹*Zabbaleen* means / "garbage people" / in Egyptian Arabic. ²They go / from

　　　/ 그리고 쓰레기를 모은다.　그들은 그것을 가져간다 / 그들의 마을로 / 카이로에 있는.
door to door / and collect garbage. ³They bring it / to their village / in Cairo.

사람들은 그곳을 부른다 / '쓰레기 도시'라고 //　　마을이 쓰레기로 가득 차 있기 때문에.
⁴People call it / "Garbage City" // because the village is full of garbage.

　　　Zabbaleen이 집에 도착하면,　//　그들은 쓰레기를 분류한다.　그들은 음식물 쓰레기를 준다
⁵When the *Zabbaleen* get home, // they sort the garbage. ⁶They give food waste

/ 그들의 돼지들에게. 그들은 물건들을 찾는다 /   플라스틱, 유리, 그리고 금속과 같은,   / 그리고 그것들을 판다.
/ to their pigs. ⁷They find things / like plastic, glass, and metal, / and sell them.

그들은 재활용한다 /   쓰레기의 약 80퍼센트를.
⁸They recycle / about 80% of the garbage.

그러나 Zabbaleen은 많은 돈을 벌지 못한다.   그들은 번다   / 단지 약 60에서 75달러를
⁹But the *Zabbaleen* don't make much money. ¹⁰They make / only about $60 to

/   한 달에.   또한, / 쓰레기는 ~의 원인이 된다 /   많은 건강 문제의.
$75 / a month. ¹¹Also, / the garbage causes / many health problems.

🌿 우리말 해석

쓰레기 수집가

¹Zabbaleen은 이집트 아랍어로 '쓰레기를 모으는 사람들'을 의미합니다. ²그들은 집집마다 다니며 쓰레기를 모읍니다. ³그들은 카이로에 있는 그들의 마을로 쓰레기를 가져갑니다. ⁴마을이 쓰레기로 가득 차 있기 때문에 사람들은 그곳을 '쓰레기 도시'라고 부릅니다.

⁵Zabbaleen은 집에 도착하면 쓰레기를 분류합니다. ⁶그들은 음식물 쓰레기를 그들의 돼지에게 줍니다. ⁷그들은 플라스틱, 유리, 그리고 금속과 같은 물건들을 찾아서 그것들을 팝니다. ⁸그들은 쓰레기의 약 80퍼센트를 재활용한답니다.

⁹그러나 Zabbaleen은 돈을 많이 벌지 못합니다. ¹⁰그들은 한 달에 겨우 약 60에서 75달러를 법니다. ¹¹또한, 쓰레기는 많은 건강 문제의 원인이 됩니다.

🌿 주요 문장 분석하기

⁴People **call** it "Garbage City" *because* the village is full of garbage.
　　주어　　동사　목적어　　목적격보어　　　　　　　　주어′　　동사　　　보어′
→ 「call＋목적어＋명사」는 '~을 …라고 부르다'라는 의미이다.
→ Garbage City는 목적어 it을 보충 설명한다.
→ because는 '~하기 때문에'라는 의미이며 이유를 나타내는 문장을 연결하는 접속사이다.

⁵**When** the *Zabbaleen* get home, they sort the garbage.
　　　　　　주어′　　　동사　　　　주어　동사　　목적어
→ When은 '~하면'이라는 의미로 시간을 나타내는 문장을 연결하는 접속사이다.

⁷They find *things* [like plastic, glass, and metal], **and** sell them.
　주어　동사1　　　　　목적어1　　　　　　　　　　동사2 목적어2
→ like plastic, glass, and metal은 앞에 있는 things를 뒤에서 꾸며준다.
→ 동사 find와 sell이 and로 연결되었다.

p. 41 Check Up	1 ③ 2 (a) ○ (b) ✕ (c) ○ 3 ① 4 ② 5 ④
p. 42 Build Up	1 (A) 2 (C) 3 (B)
p. 42 Sum Up	a put on b chose c firefighter d bored e perfect
p. 43 Look Up	A 1 list 2 bored 3 shoot B 1 put on - ~을 착용하다 2 lie - 눕다 3 experience - 체험; 체험하다 4 type - 타자 치다 C 1 different 2 list 3 began

Check Up

1 Lily가 VR 헤드셋을 착용하고 가상현실로 소방관과 작가, 두 가지 직업을 체험했다는 내용의 글이므로 정답은 ③이다.

2 (a) VR 헤드셋을 착용한 후에, 화면에서 여러 가지 직업 목록을 보여 줬다고(The screen showed a list of different jobs.) 했으므로 글의 내용과 맞다.
(b) Lily는 소방관이 소방차에서 물을 쏘는 것을 보고 싶었지만, 화재는 없었다고(She wanted to see ~ there was no fire.) 했으므로 글의 내용과 틀리다.
(c) VR 속 소방관은 도구를 계속 청소했다고(The firefighter kept cleaning his tools.) 했으므로 글의 내용과 맞다.

3 앞에서 직업 목록 중 소방관을 선택하여 체험했으며, 다른 체험을 위해 또 다른 것을 선택했다는 내용이므로 밑줄 친 ⓐ는 '직업'을 가리킨다.

4 Lily가 두 번째 직업을 체험하면서, 컴퓨터가 있는 책상과 공책, 그리고 한 남자를 보았다고 했지만, 안경에 대한 내용은 없으므로 정답은 ②이다.

5 영화에서 많은 책들, 컴퓨터가 있는 책상, 공책 한 권, 펜 하나, 핫 초코 한 잔 등의 사물과, 타자를 치고 있는 남자가 등장하는 것으로 보아, 빈칸에는 흐름상 '작가(a writer)'가 알맞다.
① 의사   ② 요리사   ③ 화가   ④ 작가

Build Up

❶ Lily는 VR 헤드셋을 착용했다.

❷ Lily는 소방관이 소방차에서 물을 쏘는 것을 보고 싶었다.

❸ Lily는 또 다른 직업을 선택했다.

(A) 그러고 나서 그녀는 소방관 영화를 선택했다.

(C) 하지만 화재는 없었다.

(B) 새로운 영화에서, 한 남자가 그의 책상에서 타자 치고 있었다.

Sum Up

Lily는 자신의 침대에 누워 새 VR 헤드셋을 ⓐ 착용했다.

↓

그녀는 목록에 있는 직업들 중 하나를 ⓑ 선택했다.

↓

그녀는 ⓒ 소방관을 선택했지만, 곧 ⓓ 지루해졌다.

↓

그녀는 또 다른 것을 선택했고, 그 직업은 그녀에게 ⓔ 완벽했다.

끊어서 읽기

Lily는 누웠다 / 그녀의 침대에 / 그리고 착용했다 / 새 VR 헤드셋을.   화면은 보여 주었다 /
¹Lily lay / on her bed / and put on / a new VR headset. ²The screen showed /

여러 가지 직업들의 목록을.   그녀는 체험할 수 있었다 / 그 직업들 중 하나를.
a list of different jobs. ³She could experience / one of the jobs.

Lily는 소방관을 선택했다.   그녀는 보고 싶었다 / 소방관이 물을 쏘는 것을 /
⁴Lily chose a firefighter. ⁵She wanted to see / a firefighter shoot water / from

소방차에서.   영화가 시작되었다.   하지만 화재는 없었다.   소방관은 계속했다 /
a fire engine. ⁶The movie began. ⁷But there was no fire. ⁸The firefighter kept /

그의 도구를 청소하는 것을.   Lily는 지루했다.
cleaning his tools. ⁹Lily was bored.

그녀는 선택했다 / 또 다른 것을, // 그리고 새 영화가 시작되었다.   많은 책들이 있었다,
¹⁰She chose / another one, // and a new movie began. ¹¹There were many books,

/ 컴퓨터가 있는 책상, / 공책 한 권, / 펜 하나, / 그리고 핫초코 한 잔.
/ a desk with a computer, / a notebook, / a pen, / and a cup of hot chocolate.

그녀는 또한 한 남자를 봤다, // 그리고 그는 타자 치고 있었다 / 그의 책상에서.   Lily는 생각했다. //
¹²She also saw a man, // and he was typing / at his desk. ¹³Lily thought, //

'그것은 완벽한 직업 같아!   나는 작가가 되고 싶어!'
"It looks like a perfect job! ¹⁴I want to be a writer!"

우리말 해석

직업 체험
¹Lily는 자신의 침대에 누워 새 VR 헤드셋을 착용했어요. ²화면은 여러 가지 직업들의 목록을 보여 주었어요. ³그녀는 그 직업들 중 하나를 체험할 수 있었어요.
⁴Lily는 소방관을 선택했어요. ⁵그녀는 소방관이 소방차에서 물을 쏘는 것을 보고 싶었어요. ⁶영화가 시작되었어요. ⁷하지만

화재는 없었어요. [8]소방관은 계속 자신의 도구를 청소했어요. [9]Lily는 지루했어요.
[10]그녀는 또 다른 것을 선택했고, 새 영화가 시작되었어요. [11]많은 책들, 컴퓨터가 있는 책상, 공책 한 권, 펜 하나, 그리고 핫
초코 한 잔이 있었어요. [12]그녀는 또한 한 남자를 보았고, 그는 책상에서 타자 치고 있었어요. [13]Lily는 생각했어요, '그것은
완벽한 직업 같아! [14]나는 작가가 되고 싶어!'

🌿 주요 문장 분석하기

[3]She **could** experience *one of* the jobs.
주어   동사   목적어

→ could는 조동사 can의 과거형으로, '~할 수 있었다'의 의미이다.

→ 「one of+복수명사」는 '~ 중의 하나'라는 뜻이다.

[5]She wanted to **see** a firefighter *shoot* water from a fire engine.
주어   동사   목적어

→ 「see+목적어+동사원형」은 '~가 …하는 것을 보다'라는 의미이다.

→ shoot water from a fire engine은 목적어 a firefighter를 보충 설명한다.

[7]But **there was no** fire.

→ 「There is[was] no+단수명사」는 '~가 없다[없었다]'의 의미이다.

[8]The firefighter **kept cleaning** his tools.
주어   동사   목적어

→ 「keep[kept]+동사원형+-ing」는 '~하는 것을 계속하다[계속했다]'라는 의미이다.

→ cleaning은 '청소하는 것'으로 해석하며, cleaning his tools는 동사 kept의 목적어이다.

[12]She also saw a man, **and** he *was typing* at his desk.
주어1   동사1   목적어1   주어2   동사2

→ 두 개의 문장이 and로 연결되었다.

→ 「was[were]+동사원형+-ing」의 형태는 '~하고 있었다'라는 의미를 나타내는 과거진행형이다.

p. 45 **Check Up**	1 ③	2 ③	3 ②	4 ④	5 ⓐ: interesting ⓑ: hurt
p. 46 **Build Up**	ⓐ collect	ⓑ scientists	ⓒ check	ⓓ fishers	ⓔ bikes
p. 46 **Sum Up**	ⓐ interesting	ⓑ go down	ⓒ fish	ⓓ sound	
p. 47 **Look Up**	A 1 throw away	2 grab		3 hurt	
	B 1 such - 그런, 그러한	2 job - 직업, 일			
	3 medicine - 약	4 tough - 힘든, 어려운			
	C 1 checks	2 sounds		3 threw away	

Check Up

1 전 세계에 있는 흥미로운 세 가지 직업을 소개하는 글이므로, 정답은 ③이다.

2 암스테르담에서 사람들은 자전거를 타는 것을 매우 좋아한다고(In Amsterdam, people love riding bicycles.) 했지만 사이클 선수에 대한 내용은 등장하지 않으므로 정답은 ③이다.

3 과학자들이 약을 만드는 데 뱀독을 필요로 한다고(Scientists need snake poison for making medicine.) 했지만, 그들이 뱀독을 연구용으로만 사용한다는 내용은 없었다.

4 스네이크 밀커는 독을 가진 뱀의 머리를 붙잡아야 하고, 워터 슬라이드 검사자는 가끔 다치기도 한다는 내용으로 보아 빈칸 (A)와 (B)에 공통으로 들어갈 말은 '위험한(dangerous)'이 가장 알맞다.
① 안전한 ② 오래된 ③ 완벽한 ④ 위험한

5
> 스네이크 밀커, 워터 슬라이드 검사자, 그리고 자전거 낚시꾼은 ⓐ 흥미로운 직업을 가지고 있지만 그 직업들은 위험할 수도 있다. 예를 들어, 워터 슬라이드 검사자들은 가끔씩 ⓑ 다치기도 한다.

Build Up

스네이크 밀커는	워터 슬라이드 검사자는	자전거 ⓓ 낚시꾼은
• 뱀독을 ⓐ 모은다.	• 슬라이드를 타고 그것의 안전성을 ⓒ 점검한다.	• 오래된 ⓔ 자전거들을 꺼낸다.
• ⓑ 과학자들을 위해 독을 구한다.		

Sum Up

> 많은 ⓐ 흥미로운 직업들이 있다. 스네이크 밀커는 과학자들을 위해 뱀독을 모은다. 워터 슬라이드 검사자는 슬라이드를 ⓑ 타고 그것의 안전성을 점검한다. 암스테르담에서, 자전거 낚시꾼은 강에서 자전거들을 ⓒ 꺼낸다. 이러한 직업들은 흥미로울 것 ⓓ 같지만, 가끔 힘들 수도 있다.

많은 흥미로운 직업들이 있다 / 전 세계에는. 스네이크 밀커는 붙잡는다 /
¹There are many interesting jobs / around the world. ²Snake milkers grab / the

뱀의 머리를 / 그리고 독을 모은다 / 그것에서. 왜 그들은 할까 / 그런
snake's head / and collect poison / from it. ³Why would they do / such a

위험한 일을? 그들은 독을 구한다 / 과학자들을 위해. 과학자들은 필요로 한다 / 뱀독을
dangerous job? ⁴They get the poison / for scientists. ⁵Scientists need / snake

/ 약을 만들기 위해.
poison / for making medicine.

그 일이 너무 힘들 것 같은가? 그러면 워터 슬라이드 검사자는 어떤가? 워터
⁶Does that job sound too tough? ⁷Then how about a water slide tester? ⁸Water

슬라이드 검사자들은 슬라이드를 탄다 / 그리고 그것의 안전성을 점검한다. 그 직업은 재미있을 것 같다, //
slide testers go down the slide / and check its safety. ⁹The job may sound fun, //

하지만 그것은 위험할 수 있다. 검사자들은 가끔 다친다.
but it can be dangerous. ¹⁰The testers sometimes get hurt.

암스테르담에서, / 사람들은 아주 좋아한다 / 자전거 타기를. 그러나 그들은 자주 버린다 / 오래된
¹¹In Amsterdam, / people love / riding bicycles. ¹²But they often throw away / old

자전거들을 / 강에. 자전거 낚시꾼들은 보트를 탄다 / 그리고 꺼낸다 / 14,000대의 오래된 자전거들을
bicycles / in rivers. ¹³Bicycle fishers take boats / and fish out / 14,000 old bikes

/ 매년!
/ every year!

흥미로운 직업들

¹전 세계에는 많은 흥미로운 직업들이 있어요. ²스네이크 밀커들은 뱀의 머리를 붙잡고 거기에서 독을 모읍니다. ³그들은 왜 그렇게 위험한 일을 할까요? ⁴그들은 과학자들을 위해 독을 구합니다. ⁵과학자들이 약을 만드는 데 뱀독이 필요하거든요. ⁶그 일이 너무 힘들 것 같나요? ⁷그러면 워터 슬라이드 검사자는 어때요? ⁸워터 슬라이드 검사자들은 슬라이드를 타고 그것의 안전성을 점검해요. ⁹그 직업은 재미있을 것 같지만, 위험할 수 있답니다. ¹⁰검사자들은 가끔 다치기도 하거든요. ¹¹암스테르담에서, 사람들은 자전거 타기를 아주 좋아합니다. ¹²그러나 그들은 자주 오래된 자전거들을 강에 버려요. ¹³자전거 낚시꾼들은 보트를 타고 매년 14,000대의 오래된 자전거들을 꺼낸답니다!

⁵Scientists need snake poison **for** *making* medicine.
　　주어　　동사　　목적어
→ for는 '~하기 위해'라는 의미의 전치사이다.

→ 전치사 for 뒤에는 동사의 -ing 형태인 making이 온다.

→ making은 '만드는 것'이라 해석하며, 전치사 for의 목적어이다.

[9]The job **may _sound_** fun, but it **can _be_** dangerous.
　　주어1　　　동사1　　보어1　　주어2 동사2　　보어2

→ 조동사 may는 '~할지도 모른다'의 의미로 추측을 나타낸다.

→ 「sound＋형용사」는 '~인 것 같다, ~하게 들리다'라는 뜻이다.

→ 조동사 can 뒤에는 be동사의 원형인 be가 사용되었다.

→ fun과 dangerous는 각각 주어 The job과 it을 보충 설명한다.

[11]In Amsterdam, people love **riding** bicycles.
　　　　　주어　　동사　　목적어

→ riding은 '타는 것'이라 해석하며, riding bicycles는 동사 love의 목적어이다.

3 Culture

01 The Colors of Us

pp.50 ~ 53

p. 51 **Check Up**	1 ②	2 ③	3 ④	4 ④	5 ⓐ: skin ⓑ: beautiful
p. 52 **Build Up**	1 (D)	2 (C)	3 (B)	4 (A) / 1 → 2 → 4 → 3	
p. 52 **Sum Up**	ⓐ took	ⓑ saw	ⓒ different	ⓓ got	ⓔ beautiful
p. 53 **Look Up**	A 1 color	2 fair	3 walk		
	B 1 right - 맞는, 알맞은	2 take out - 데리고 나가다			
	3 see - 보다	4 mix - 섞다			
	C 1 get	2 dark	3 playground		

Check Up

1 글쓴이가 엄마와 함께 밖에 나가서 다양한 피부색을 가진 사람들을 보고 느낀 것을 설명하고 있으므로 정답은 ②이다.

2 갈색을 만들기 위해선 빨간색, 노란색, 검은색, 흰색을 섞어야 한다고(Mixing red, yellow, black, and white will make the right brown.) 했지만 주황색에 관한 내용은 없다.

3 Lena는 흰 피부를 가지고 있다고(~, and Lena has fair skin.) 했으므로 정답은 ④이다.

4 앞에서 친구들의 다른 피부색에 대한 내용이 등장하며, 이후 공원에서도 다른 피부색을 가진 사람들을 보았다고 했다. 또한 빈칸 앞 문장에서는 '내'가 놀이터와 공원에서 본 사람들을 생각하며 그림을 그린다고 했으므로 빈칸에는 different(다른)가 가장 알맞다.

　① 같은　② 어두운　③ 맞는　④ 다른

5 우리는 다른 ⓐ 피부색을 가지고 있지만 우리는 모두 ⓑ 아름답다.

Build Up

❶ — (D) 엄마는 나에게 색에 대해 가르쳐주신다.

❷ — (C) 엄마는 나를 놀이터로 데리고 나가신다.

❸ — (B) 나는 그 사람들과 그들의 피부색에 대해 생각하고 그들을 그린다.

❹ — (A) 우리는 다른 피부색을 가진 많은 사람들을 본다.

Sum Up

> 5월 10일
>
> 　오늘, 나의 엄마는 나를 놀이터와 공원으로 ⓐ 데리고 나가셨다. 우리는 내 친구들과 다른 사람들을 ⓑ 보았다. 그들은 모두 ⓒ 다른 피부색을 가지고 있었다. 내가 집에 도착했을 때, 나는 내 물감을 ⓓ 가져와서 놀이터와 공원에 있는 모두를 그렸다. 우리의 색은 다르지만 ⓔ 아름답다.

🌿 끊어서 읽기

나는 어두운 피부를 가지고 있다. / 계피처럼.　　엄마는 나를 가르치신다 / 색에 대해.　그녀는 ~라고 말한다. //
¹I have dark skin, / like cinnamon. ²Mom teaches me / about colors. ³She says, //

　　"빨강, 노랑, 검정, 흰색을 섞는 것은　　/　　맞는 갈색을 만들 것이다."　　그 다음에 그녀는
"Mixing red, yellow, black, and white / will make the right brown." ⁴Then she

나를 데리고 나가신다 /　　놀이터로.
takes me out / to the playground.

　　놀이터에서,　　/ 우리는 내 친구들을 본다.　저쪽에 있는 Sophia는 /　　연한 황갈색
⁵In the playground, / we see my friends. ⁶Sophia over there / has light yellow-

피부를 가지고 있다.　Izzy의 피부는 초콜릿 갈색이다.　// 그리고 Lena는 흰 피부를 가지고 있다.
brown skin. ⁷Izzy's skin is chocolate brown, // and Lena has fair skin.

　그 다음에 우리가 걸어갈 때 /　　공원으로,　// 우리는 본다 / 다른 사람들을 /　다른 피부색을 가진.
⁸Then when we walk / to the park, // we see / other people / with different skin

colors.

　우리가 집에 도착했을 때,　// 나는 내 물감을 가져온다.　나는 사람들에 대해 생각한다　/
⁹When we get home, // I get my paints. ¹⁰I think about the people / in the

　　놀이터와 공원에 있는.　　나는 모두를 그린다.　　　우리의 색은 다르다.　　　/
playground and the park. ¹¹I paint everyone. ¹²The colors of us are different, /

　하지만 아름답다.
but beautiful.

🌿 우리말 해석

우리의 색

¹나는 계피처럼 어두운 피부를 가지고 있어요. ²엄마는 나에게 색에 대해 가르쳐 주세요. ³엄마는 "빨강, 노랑, 검정, 흰색을 섞으면 딱 맞는 갈색이 될 거란다."라고 말하세요. ⁴그 다음에 엄마는 나를 놀이터로 데리고 나가시지요.
⁵놀이터에서 우리는 내 친구들을 봅니다. ⁶저쪽에 있는 Sophia는 연한 황갈색 피부를 가지고 있어요. ⁷Izzy의 피부는 초콜릿 갈색이고, Lena는 흰 피부예요. ⁸그 다음에 우리가 공원으로 걸어갈 때, 다른 피부색을 가진 사람들을 봅니다.
⁹우리가 집에 도착했을 때, 나는 내 물감을 가져옵니다. ¹⁰나는 놀이터와 공원에 있는 사람들을 생각해요. ¹¹나는 모두를 그려

요. ¹²우리의 색은 다르지만 아름다워요.

주요 문장 분석하기

⁵She says, "**Mixing** red, yellow, black, and white will make the right brown."
  주어 동사   주어'   동사'   목적어'

→ Mixing은 「동사원형+-ing」의 형태로 문장에서 주어 역할을 하며, '섞는 것은'으로 해석한다.

⁸Then **when** we walk to the park, we see *other people* [with different skin colors].
          주어' 동사'   주어 동사   목적어

→ when은 '~할 때'라는 의미이며, 문장과 문장을 연결하는 시간을 나타내는 접속사이다.

→ with different skin colors는 앞에 있는 other people을 꾸며준다.

¹²*The colors* [of us] are different, **but** beautiful.
        주어   동사   보어1   보어2

→ of us는 앞에 있는 The colors를 꾸며준다.

→ but은 '하지만, 그러나'의 의미로, different와 beautiful을 연결한다.

→ different와 beautiful은 모두 주어 The colors of us를 보충 설명한다.

---

02   Welcome to My Planet!   pp.54 ~ 57

p. 55 **Check Up**	1 ②	2 ④	3 ②	4 ⓐ: cultures	ⓑ: unique
p. 56 **Build Up**	ⓐ under	ⓑ between	ⓒ rest	ⓓ come	ⓔ Africa
p. 56 **Sum Up**	ⓐ Imagine	ⓑ planet	ⓒ male	ⓓ places	
	ⓔ languages				
p. 57 **Look Up**	A 1 planet	2 between	3 imagine		
	B 1 place - 장소, 곳	2 rest - 나머지 (사람들)			
	3 unique - 독특한	4 create - 만들어 내다			
	C 1 languages	2 under	3 only		

Check Up

1 수업 중에 인구가 100명뿐인 자기만의 행성을 만들어 보라는 선생님의 제안에 따라 글쓴이 '내'가 만든 행성의 모습을 설명하는 글이므로 정답은 ②이다.

2 우리는 다른 문화와 언어가 있다고(We have different cultures and languages.) 했으므로 글의 내용과 틀린 것은 ④이다.

3 글쓴이의 행성 인구 전체 100명 중에서 60명이 아시아 출신이고 16명이 아프리카 출신이므로, 그 나머지는 100명에서 76명을 뺀 24명을 말한다.

4 나의 행성에 있는 사람들은 다양한 ⓐ 문화와 언어를 가지고 있으며, 그들 모두는 ⓑ 독특하다.

Build Up

글쓴이가 만든 지구를 구성하는 사람들의 특징을 정리해 본다.

100명 중 50명은 남자이고 다른 50명은 여자이다.	14세 ⓐ 미만이 25명이고 15세에서 64세 ⓑ 사이가 66명이다. ⓒ 나머지는 65세 이상이다.	60명의 사람들이 아시아에서 ⓓ 출신이다. 16명은 ⓔ 아프리카 출신이다.

Sum Up

오늘, 선생님께서는 "이것을 ⓐ 상상해 보세요. 지구에 사람이 단지 100명만 있어요. 여러분만의 ⓑ 행성을 만들어 보세요." 나의 행성에는 100명 중 50명은 ⓒ 남자이고, 나머지는 여자입니다. 또한 모두는 ⓓ 다양한 곳 출신이에요. 대부분의 사람들은 아시아 출신이고, 몇몇은 아프리카, 그리고 나머지는 유럽과 다른 곳 출신입니다. 내 행성의 사람들은 다양한 문화와 ⓔ 언어를 가지고 있습니다.

🌿 끊어서 읽기

약 78억 명의 사람들이 있다 / 전 세계적으로. 오늘 수업에서, / 나의
¹There are about 7.8 billion people / around the world. ²In today's class, / my

선생님이 말했다. // "이것을 상상해 보세요. 사람이 단지 100명 있습니다 / 지구에는. 여러분 자신만의
teacher said, // "Imagine this. ³There are only 100 people / on Earth. ⁴Create your

행성을 만들어 보세요." 그래서 나는 시작했다 / 그것에 대해 생각하기. 그리고 이것이 내 행성이다:
own planet." ⁵So I started / thinking about it. ⁶And here is my planet:

100명 중 50명은 / 남자이다. // 그리고 다른 50명은 여자이다.
⁷Fifty out of a hundred / are male, // and the other fifty are female. ⁸There are

25명이 있다 / 14세 미만에 / 그리고 66명이 있다 / 15세에서 64세 사이에.
twenty-five people / under the age of 14 / and sixty-six people / between 15 and

나머지는 65세 이상이다. 우리는 다양한 곳 출신이다. 60명의 사람들이
64. ⁹The rest are 65 and older. ¹⁰We come from different places. ¹¹Sixty people

아시아 출신이다. // 16명은 아프리카 출신이다. // 그리고 나머지는
come from Asia, // sixteen people come from Africa, // and the rest come from

유럽과 라틴아메리카, 그리고 북미 출신이다.　　우리는 가지고 있다 /　　다양한 문화와

Europe, Latin America, and North America. ¹²We have / different cultures and

언어를.　　　우리 모두는 독특하다.

languages. ¹³Every one of us is unique.

🌿 우리말 해석

제 행성에 오신 걸 환영합니다!

¹전 세계에는 약 78억 명의 사람들이 있습니다. ²오늘 수업 시간에 선생님께서 말씀하셨어요, "이렇게 상상해 봐요. ³지구에 사람이 단지 100명만 있어요. ⁴여러분만의 행성을(지구를) 만들어 보세요." ⁵그래서 나는 나만의 행성에 대해 생각하기 시작했어요. ⁶그리고 내 행성은 다음과 같습니다.

⁷100명 중 50명은 남자이고, 다른 50명은 여자예요. ⁸14세 미만이 25명이고 15세에서 64세 사이가 66명입니다. ⁹나머지(사람들)는 65세 이상이에요. ¹⁰우리는 다양한 곳 출신입니다. ¹¹60명의 사람들이 아시아 출신이고, 16명은 아프리카에서 그리고 나머지는 유럽과 라틴 아메리카, 그리고 북미 출신이에요. ¹²우리는 다양한 문화와 언어를 가지고 있어요. ¹³우리 모두는 독특해요.

🌿 주요 문장 분석하기

³**There are** only 100 people on Earth.
→ 「There are+복수명사」는 '~가 있다'라는 의미이다.

⁷Fifty **out of** a hundred are male, **and** the other fifty are female.
　　　　　주어1　　　　동사1 보어1　　　　주어2　　　동사2 보어2
→ 「A out of B」는 'B 중에 A'라는 의미로, 부분을 나타낼 때 쓰인다.
→ 두 문장이 and로 연결되었다.

⁸There are **twenty-five people** [under the age of 14] and **sixty-six people** [between 15 and 64].
→ under the age of 14는 twenty-five people을 꾸며주고, between 15 and 64는 sixty-six people을 꾸며준다.

¹³**Every one of us** **is** unique.
　　　　주어　　　동사　보어
→ 「every one of+복수명사」는 '~의 전원 모두'를 의미한다. every one이 진짜 주어이며, 단수이므로 단수동사 is가 온다.

p. 59 **Check Up**	1 ① 2 (a) ○ (b) ○ (c) × 3 ②, ③
	4 ⓐ: lanterns ⓑ: dressed

p. 60 **Build Up**	1 (D) 2 (A) 3 (C) 4 (B)

p. 60 **Sum Up**	ⓐ came out	ⓑ safer	ⓒ fun	ⓓ black

p. 61 **Look Up**	A	1 celebrate	2 pumpkin	3 come out
	B	1 near - 가까운	2 use - 쓰다, 사용하다	
		3 for fun - 재미로	4 keep away - ~을 멀리하다	
	C	1 came out	2 slowly	3 dress

Check Up

1 오늘날 사람들이 재미로 기념하는 핼러윈의 과거 모습과 사람들이 호박으로 랜턴을 만들고, 유령 분장을 하기 시작한 이유에 관해 설명하는 내용이다. 따라서 정답은 ①이다.

2 (a) All Hallows' Eve가 핼러윈으로 바뀌었다고(All Hallows' Eve slowly changed to Halloween.) 했으므로 글의 내용과 맞다.

(b) 과거에 사람들은 겨울에 유령이 나온다고 믿었다고(At that time, people believed ghosts came out in the winter.) 했으므로 글의 내용과 맞다.

(c) 유령을 멀리하려고 호박으로 특별한 랜턴을 만들었다고(They made special lanterns out of pumpkins.) 했으므로 글의 내용과 틀리다.

3 핼러윈 장식에 사용되는 검은색은 어두운 밤과 죽음을 의미한다고(Black means dark nights and death, ~.) 했으므로 정답은 ②, ③이다.

4

> 영국 사람들은 유령을 멀리하려고 호박으로 특별한 ⓐ 랜턴들을 만들었다. 그들은 또한 마녀처럼 ⓑ 옷을 입었는데 이는 그들이 그것이 더 안전하다고 생각했기 때문이다.

Build Up

질문		대답
❶ 핼러윈의 날짜는 언제인가?	—	(D) 10월 31일이다.
❷ 핼러윈은 전에 무엇이라 불렸는가?	—	(A) All Hallows' Eve라 불렸다.
❸ 오늘날 사람들은 그날을 어떻게 기념하는가?	—	(C) 그들은 검은색과 주황색 장식을 사용하고 재미로 마녀와 유령처럼 옷을 입는다.
❹ 사람들은 왜 유령처럼 옷을 입기 시작했는가?	—	(B) 그들은 유령으로부터 안전해지고 싶었다.

과거	오늘날
• 사람들은 겨울에 유령이 ⓐ 나온다고 믿었다. • 그들은 마녀나 유령처럼 보이는 것이 ⓑ 더 안전하다고 생각했다.	• 사람들은 단지 ⓒ 재미로 마녀나 유령처럼 옷을 입는다. • 그들은 ⓓ 검은색과 주황색 장식을 사용한다.

🌿 끊어서 읽기

과거에, / 영국 사람들은 / 만성절을 기념했다, / 3일간 열리는 축제인 /
¹In the past, / people in Britain / celebrated Hallowmas, / a three-day festival /

10월 31일에서 11월 2일 사이에. 그래서 10월 31일은 만성절 전날이었다.
between October 31 and November 2. ²So October 31 was All Hallows' Eve.

만성절 전날은 서서히 바뀌었다 / 핼러윈으로.
³All Hallows' Eve slowly changed / to Halloween.

그 당시에, / 사람들은 믿었다 // 유령이 나온다고 / 겨울에. 11월에,
⁴At that time, / people believed // ghosts came out / in the winter. ⁵In November,

/ 사람들은 노력했다 / 유령을 멀리하려고 // 겨울이 가까웠기 때문에. 그들은
/ people tried / to keep the ghosts away // because winter was near. ⁶They

특별한 랜턴을 만들었다 / 호박으로. 사람들은 또한 옷을 입었다 / 마녀와
made special lanterns / out of pumpkins. ⁷People also dressed / like witches and

유령처럼. 그들은 생각했다 // 유령처럼 보이는 것이 / 더 안전하다고.
ghosts. ⁸They thought // that looking like ghosts / was safer.

오늘날, / 사람들은 여전히 그런 것들을 한다, / 그러나 단지 재미로. 그들은 또한 사용한다
⁹Today, / people still do those things, / but just for fun. ¹⁰They also use

/ 검은색과 주황색 장식을 / 핼러윈에. 검은색은 의미한다 / 어두운 밤과
/ black and orange decorations / for Halloween. ¹¹Black means / dark nights and

죽음을, // 그리고 주황색은 의미한다 / 가을 채소를.
death, // and orange means / fall vegetables.

🌿 우리말 해석

핼러윈

¹과거에 영국 사람들은 10월 31일에서 11월 2일 사이에 3일간 열리는 축제인 만성절을 기념했습니다. ²그래서 10월 31일은 만성절 전날이였죠. ³만성절 전날은 서서히 핼러윈으로 바뀌었습니다.

⁴그 당시에 사람들은 겨울에 유령이 나온다고 믿었어요. ⁵11월에는 겨울이 가까웠기 때문에 사람들이 유령을 멀리하려고 노력했지요. ⁶그들은 호박으로 특별한 랜턴을 만들었습니다. ⁷사람들은 또한 마녀와 유령처럼 옷을 입었어요. ⁸그들은 유령처

럼 보이는 것이 더 안전하다고 생각했죠.

⁹오늘날, 사람들은 여전히 그런 것들을 하는데, 단지 재미로 합니다. ¹⁰그들은 또한 핼러윈에 검은색과 주황색 장식을 사용합니다. ¹¹검은색은 어두운 밤과 죽음을 의미하고, 주황색은 가을 채소를 의미하거든요.

🌿 주요 문장 분석하기

⁴At that time, people **believed** (that) ghosts came out in the winter.
                  주어   동사   주어'   동사'

➔ 「believe[believed]+(that)+주어+동사」는 '~라고 믿다[믿었다]'라는 의미로, that 뒤의 문장은 동사 believed 의 목적어 역할을 한다. 이때 that은 생략될 수 있다.

⁵In November, people **tried to keep** *the ghosts* **away** *because* winter was near.
                주어   동사   목적어   주어'   동사'

➔ 「try[tried] to+동사원형」은 '~하려고 노력하다[노력했다]'라는 의미이다.

➔ 'keep A away'는 'A를 멀리하다'라는 의미이며 keep과 away 사이에 있는 the ghosts가 동사 keep의 목적어 이다.

➔ 두 문장은 이유를 나타내는 접속사 because로 연결되었다.

⁸They **thought that** *looking* like ghosts *was* safer.
   주어   동사   주어'   동사'   보어

➔ 「think[thought]+(that)+주어+동사」는 '~라고 생각하다[생각했다]'라는 의미로, that 뒤에 오는 문장은 동사 thought의 목적어 역할을 한다. 이때 that은 생략될 수 있다.

➔ looking like ghosts의 looking은 「동사원형+-ing」의 형태로 주어 역할을 하기 때문에, '보이는 것은'이라 해 석한다.

➔ 「동사원형+-ing」의 형태가 주어 역할을 할 때는 뒤에 복수명사가 있더라도 단수동사가 쓰이므로 동사 was가 온 다.

➔ safer는 형용사 safe의 비교급 형태이다.

p. 63 **Check Up**	1 ②	2 (a)× (b)○ (c)○	3 ③	4 ①
	5 @: joy	ⓑ: fall		

p. 64 **Build Up**	ⓐ joy	ⓑ death	ⓒ harvest	ⓓ holy	

p. 64 **Sum Up**	ⓐ dresses	ⓑ link	ⓒ Halloween	ⓓ wear	ⓔ uniforms

p. 65 **Look Up**	A 1 harvest	2 desert	3 uniform
	B 1 camel - 낙타	2 important - 중요한	
	3 think of - ~을 생각하다	4 holy - 성스러운, 신성한	
	C 1 joy	2 shows	3 link

Check Up

1 같은 색이라도 나라 또는 문화마다 다른 것을 의미한다는 내용으로 흰색과 주황색을 예시로 들면서 설명하고 있다. 따라서 정답은 ②이다.

2 (a) 2,000년보다 더 오래전부터 흰색을 입기 시작했다고(Wearing white started more than 2,000 years ago.) 했으므로 글의 내용과 틀리다.
(b) 중동 사막에서 흰색은 우유와 관련 있다고(In the deserts of the Middle East, white has a link with milk.) 했으므로 글의 내용과 맞다.
(c) 동남아시아에서 주황색은 신성함을 의미하여 불교 수도승들이 주황색 옷을 입는다고(Orange also means something holy in Southeast Asia. Buddhist monks wear orange robes.) 했다.

3 중동 사막에서는 낙타 우유가 중요한 식량이어서 흰색은 감사와 기쁨의 색이라고(Because camel milk is an important food, white is the color of thanks and joy.) 했으므로 정답은 ③이다. 주황색은 서양 문화에서는 가을과 수확을 의미하며, 동남아시아에서는 신성함, 그리고 네덜란드에서는 왕족을 의미한다고 했다.

4 빈칸 뒤에서 '흰색은 많은 문화권에서 죽음과 유령을 의미한다'고 했으므로, 빈칸을 포함한 문장에서는 죽음과 유령처럼 '안 좋은(bad)' 것을 의미한다는 내용이 들어가야 자연스럽다. 따라서 정답은 ①이다.
① 안 좋은 ② 따뜻한 ③ 왕족의 ④ 중요한

5
> 중동에서 흰색은 감사와 ⓐ 기쁨을 의미하며, 주황색은 서양 문화에서 ⓑ 가을과 수확을 의미한다.

Build Up

흰색은 ~의 색이다
순수함, 감사와 ⓐ 기쁨, 그러나 또한 ⓑ 죽음과 유령.

주황색은 ~의 색이다
가을과 ⓒ 수확, ⓓ 성스러운 것, 또는 네덜란드 왕족.

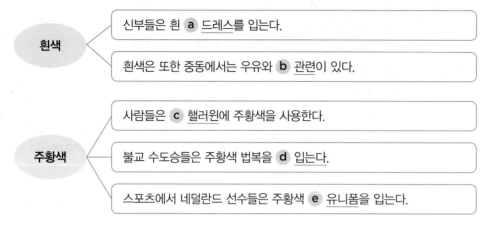

흰색
- 신부들은 흰 **a** 드레스를 입는다.
- 흰색은 또한 중동에서는 우유와 **b** 관련이 있다.

주황색
- 사람들은 **c** 핼러윈에 주황색을 사용한다.
- 불교 수도승들은 주황색 법복을 **d** 입는다.
- 스포츠에서 네덜란드 선수들은 주황색 **e** 유니폼을 입는다.

끊어서 읽기

신부는 입는다 / 흰색 드레스를 / 순수함을 나타내기 위해. 흰색을 입는 것은 시작되었다 /
¹Brides wear / white dresses / to show purity. ²Wearing white started / more

2,000년보다 더 이전에. 중동의 사막에서는, / 흰색은 우유와 관련이 있다.
than 2,000 years ago. ³In the deserts of the Middle East, / white has a link with

낙타 우유가 중요한 식량이기 때문에, // 흰색은 감사와 기쁨의 색이다.
milk. ⁴Because camel milk is an important food, // white is the color of thanks

하지만 흰색은 또한 의미할 수도 있다 / 무언가 안 좋은 것을. 많은 문화권에서, / 그것은
and joy. ⁵But white can also mean / something bad. ⁶In many cultures, / it's the

죽음과 유령의 색이다.
color of death and ghosts.

당신이 핼러윈을 생각할 때, // 무슨 색이 먼저 떠오르는가? 주황색이
⁷When you think of Halloween, // what color first comes to mind? ⁸Orange may

첫 번째일지도 모른다. 서양 문화에서, / 주황색을 의미한다 / 가을과 수확. 주황색은 또한
be the first. ⁹In Western cultures, / orange means / fall and harvest. ¹⁰Orange also

의미한다 / 신성한 어떤 것을 / 동남아시아에서. 불교 수도승들은 입는다 / 주황색
means / something holy / in Southeast Asia. ¹¹Buddhist monks wear / orange

법복을. 스포츠에서, / 당신은 네덜란드 선수들을 볼 수 있을 것이다 / 주황색 유니폼을 입은. 주황색은
robes. ¹²In sports, / you'll see Dutch players / in orange uniforms. ¹³Orange is the

왕족의 색이다 / 네덜란드의.
color of the royal family / in the Netherlands.

흰색과 주황색

[1]신부는 순수함을 나타내기 위해서 흰색 드레스를 입습니다. [2]흰색을 입는 것은 2,000년두 더 전에 시작되었어요. [3]중동이 사막에서는 흰색이 우유와 관련이 있습니다. [4]낙타 우유가 중요한 식량이기 때문에, 흰색은 감사와 기쁨의 색이에요. [5]하지만 흰색은 또한 무언가 안 좋은 것을 의미할 수도 있습니다. [6]많은 문화권에서, 흰색은 죽음과 유령의 색이에요.

[7]여러분은 핼러윈을 생각할 때 어떤 색이 먼저 떠오르나요? [8]주황색이 첫 번째일지도 모릅니다. [9]서양 문화에서 주황색은 가을과 수확을 의미합니다. [10]주황색은 또한 동남아시아에서는 신성함을 의미하기도 해요. [11]불교 수도승들은 주황색 법복을 입기도 하지요. [12]스포츠에서 주황색 유니폼을 입은 네덜란드 선수들을 볼 수 있을 거예요. [13]주황색은 네덜란드 왕족의 색이랍니다.

🌿 주요 문장 분석하기

[1]Brides wear white dresses **to show** purity.
　　주어　　동사　　목적어

→ to show는 '나타내기 위해'라고 해석하며, 동사의 목적을 나타낸다.

[4]**Because** camel milk is an important food, white is *the color* [of thanks and joy].
　　　　주어′　　동사′　　보어′　　　　주어　동사　　　보어

→ Because는 '~하기 때문에'라는 의미로 이유를 나타내며, 문장과 문장을 연결해주는 접속사이다.

→ of thanks and joy는 앞에 있는 the color를 꾸며준다.

[5]But white also means **something** *bad*.
　　주어　　　동사　　목적어

→ something처럼 -thing으로 끝나는 대명사는 형용사가 뒤에서 꾸며준다.

[12]In sports, you**'ll see** *Dutch players* [in orange uniforms].
　　　　주어　동사　　　목적어

→ You'll은 You will의 줄임말이다. will은 미래를 나타내는 표현으로 뒤에 동사원형이 온다.

→ in orange uniforms는 앞에 있는 Dutch players를 꾸며준다.

[13]Orange is ***the color*** [of *the royal family* [in the Netherlands]].
　　주어　동사　　　　보어

→ of 이하는 앞에 있는 the color를 꾸며준다.

→ in the Netherlands는 the royal family를 뒤에서 꾸며준다.

Tales

01 Stories about Gods

p. 69 **Check Up**	1 ③	2 (a) ○ (b) ○ (C) ×	3 ①	4 ⓐ: gods ⓑ: cultures
p. 70 **Build Up**	1 (C)	2 (A)	3 (B)	
p. 70 **Sum Up**	ⓐ happened	ⓑ told	ⓒ control	ⓓ humans ⓔ storms

p. 71 **Look Up**	A	1 nature	2 explain	3 grow up
	B	1 example - 예, 보기	2 power - 권력, 힘	
		3 mysterious - 불가사의한	4 history - 역사	
	C	1 made up	2 anger	3 control

Check Up

1 신화는 신들에 관한 이야기로 사람들이 만들어 내어 자손들에게 입에서 입으로 전해졌다고 하며, 신화에 등장하는 신들을 예시로 들며 설명하는 내용이므로 정답은 ③이다.

2 (a) 신화는 신들에 관한 이야기이며, 불가사의한 일이 일어났을 때 사람들은 신이 그것을 했다고 믿어 이야기를 만들어 냈다고(A myth is usually a story about gods. ~ People made up stories ~.) 했다.
(b) 사람들은 이야기를 만들어서 자식들에게 말해주었고, 그 아이들이 커서 자신의 자식들에게도 말해주었다는 (The children grew up and told the same stories to their children.) 내용으로 보아 글의 내용과 맞다.
(c) 모든 문화는 신화가 있다고(All cultures have myths.) 했으므로 글의 내용과 틀리다.

3 Zeus가 번개와 폭풍을 통제했다고(~, Zeus controlled lightning and storms.) 했으므로 정답은 ①이다.

4
신화는 대개 ⓐ <u>신들</u>에 관한 이야기이며, 모든 ⓑ <u>문화</u>는 신화가 있다.

Build Up

질문		대답
❶ 신화는 무엇인가?	—	(C) 그것은 신들에 관한 이야기이다. 모든 문화는 신화가 있다.
❷ 사람들은 왜 이야기를 만들어 냈는가?	—	(A) 사람들은 자연이나 역사에 관한 많은 것들을 설명할 수 없었다. 그들은 신이 그것을 했다고 믿었다.
❸ 신화들의 예시는 무엇인가?	—	(B) 그리스 신화에서, Zeus는 번개를 통제했다. Atum은 이집트 신화에서 세계의 창조자였다.

오래전에, 불가사의한 어떤 일이 ⓐ <u>일어났을</u> 때, 사람들은 신이 그것을 했다고 믿었다. 그들은 이야기들을 만들어 내어 그들의 자식들에게 그것들을 ⓑ <u>전했다</u>. 신화에서, 신들은 ⓒ <u>인간들</u>이나 자연에 대한 권력과 ⓓ <u>통제</u>를 가지고 있다. 예를 들면, 그리스 신화에서 Zeus는 번개와 ⓔ <u>폭풍들</u>을 통제했다.

끊어서 읽기

신화는 대개 이야기이다 / 신들에 관한. 오래전에, / 사람들은 설명할 수 없었다
¹A myth is usually a story / about gods. ²A long time ago, / people couldn't

/ 많은 것들을 / 자연이나 역사에 대해. 불가사의한 어떤 일이 일어났을 때,
explain / many things / about nature or history. ³When something mysterious

// 사람들은 믿었다 // 신이 그것을 했다고. 사람들은 이야기를 만들어 냈다 / 그리고 그것들을
happened, // people believed // a god did it. ⁴People made up stories / and told

전했다 / 그들의 자식들에게. 그 아이들이 자랐다 / 그리고 똑같은 이야기를 전했다 /
them / to their children. ⁵The children grew up / and told the same stories / to

그들의 자식들에게.
their children.

모든 문화는 신화를 가지고 있다. 그리스와 로마의 신들에 관한 이야기들이 / 신화이다, /
⁶All cultures have myths. ⁷Stories about the Greek and Roman gods / are myths, /

~도. 신화에서, / 신들은 가지고 있다 / 권력과 통제를 / 인간이나 자연에 대한.
too. ⁸In myths, / gods have / power and control / over humans or nature. For

예를 들면, / 그리스 신화에서, / Zeus는 통제했다 / 번개와 폭풍을. Zeus는
example, / in Greek myths, / Zeus controlled / lightning and storms. ⁹Zeus would

자신의 분노를 보여 주곤 했다 / 폭풍으로. 또 다른 예는 Atum 신이다. 이집트
show his anger / with storms. ¹⁰Another example is the god Atum. ¹¹In Egyptian

신화에서, / 그는 세계의 창조자이고 신들의 아버지였다.
myths, / he was the creator of the world and father of the gods.

우리말 해석

신에 관한 이야기
¹신화는 대개 신들에 관한 이야기입니다. ²오래전에, 사람들은 자연이나 역사에 대해 많은 것들을 설명할 수 없었어요. ³불가사의한 어떤 일이 일어났을 때, 사람들은 신이 그것을 했다고 믿었죠. ⁴사람들은 이야기를 만들어 냈고 자신의 자식들에게 그것들을 전했어요. ⁵그 아이들은 자라서 자신의 자식들에게 똑같은 이야기를 전했지요.
⁶모든 문화에는 신화가 있습니다. ⁷그리스와 로마의 신들에 관한 이야기들도 신화입니다. ⁸신화에서, 신들은 인간이나 자연에 대한 권력과 통제를 가지고 있어요. ⁹예를 들면, 그리스 신화에서 Zeus는 번개와 폭풍을 통제했죠. ¹⁰Zeus는 자신의 분

노를 폭풍으로 보여 주곤 했어요. [11]또 다른 예로 Atum 신이 있습니다. [12]이집트 신화에서, 그는 세계의 창조자이자 신들의 아버지였어요.

주요 문장 분석하기

[1]A myth is **usually** a story about gods.
　　주어　동사　　　　　　보어

→ usually는 '대개, 보통'이라는 의미를 가진 빈도부사이며, 주로 be동사 뒤나 일반동사 앞에 온다.

→ a story about gods는 주어 A myth를 보충 설명한다.

[3]When **something mysterious** happened, people *believed* (*that*) a god did it.
　　　　　주어'　　　　　　　동사'　　　주어　　동사　　　　목적어

→ something과 같이 -thing으로 끝나는 대명사는 형용사가 뒤에서 꾸며준다.

→ 동사 believed는 「(that)+주어+동사」 형태의 목적어를 가질 수 있다.

→ that 이하는 '~가 …하는 것'으로 해석하며, that은 생략 가능하다.

[7]*Stories* [about the Greek and Roman gods] are myths, too.
　　주어　　　　　　　　　　　　　　　동사　보어

→ about the Greek and Roman gods는 앞에 있는 Stories를 꾸며준다.

[12]In Egyptian myths, he was *the creator* [**of** the world] and *father* [of the gods].
　　　　　　　　　주어　동사　　　보어1　　　　　　　　　　보어2

→ of는 '~의'를 의미하며, of the world는 앞에 있는 the creator를, of the gods는 father를 뒤에서 꾸며준다.

→ the creator of the world와 father of the gods는 주어 he를 보충 설명한다.

02	Flying High with Wings				pp.72 ~ 75

p. 73 **Check Up**	1 ④	2 ②	3 ④	4 ②	5 ⓐ: forgot ⓑ: fell
p. 74 **Build Up**	1 (B)	2 (C)	3 (A)		
p. 74 **Sum Up**	4 → 3 → 1 → 2				
p. 75 **Look Up**	A 1 melt		2 maze		3 fall
	B 1 however - 하지만		2 anybody - 아무도		
	3 warn - 경고하다		4 forget - 잊다		
	C 1 built		2 a lot of		3 high

Check Up

1 Minos 왕의 미로에서 나가기 위해 날개를 만들어 탈출하지만, 아버지의 경고를 잊어버린 Icarus가 태양을 향해 날다가 날개의 밀랍이 녹아 바다에 빠지는 이야기이므로 알맞은 제목은 ④이다.

2 육지와 바다로 통하는 모든 출구를 통제한 사람은 Daedalus가 아닌 Minos 왕이다(Daedalus knew King Minos controlled all exits by land and sea.).

3 태양을 향해 날았던 것은 Icarus이므로 정답은 ④이다. 나머지는 모두 'Daedalus'를 가리킨다.

4 빈칸 앞에서는 태양이 매우 뜨거웠다는 내용이고, 이어지는 문장에서는 밀랍이 녹았다는 '결과'를 설명하므로, 빈칸에는 so(그래서)가 가장 알맞다.

　① 하지만　② 그래서　③ ~할 때　④ 왜냐하면

5
| Icarus가 자신의 아버지의 경고를 ⓐ 잊어버려서, 그는 바다에 ⓑ 빠졌다. |

Build Up

원인	결과
❶ Minos 왕은 아무도 그 미로에 대해 알기를 원하지 않았다.	(B) 그는 Daedalus와 그의 아들을 미로 안에 가두었다.
❷ Minos 왕은 육지와 바다로 통하는 모든 출구를 통제했다.	(C) Daedalus는 미로에서 탈출하기 위해 날아가기로 결심했다. 그는 새의 깃털을 모아 네 개의 날개를 만들었다.
❸ Icarus는 자신의 아버지의 경고를 잊고 태양에 너무 가깝게 날았다.	(A) 날개들의 밀랍이 녹았고, 그는 바다에 빠졌다.

Sum Up

❹ Daedalus는 Minos 왕의 미로를 떠나고 싶었다. 그는 새의 깃털과 밀랍으로 날개를 만들었다. →	❸ Daedalus는 높이 나는 것에 대해 자신의 아들에게 경고했다. →
❶ Icarus가 날기 시작했을 때, 그는 Daedalus의 경고에 대해 잊어버리고 너무 높이 날았다. →	❷ 태양이 너무 뜨거워서, 밀랍이 녹았다. Icarus는 바다에 빠졌다.

끊어서 읽기

유명한 기술자 Daedalus는　/　미로를 지었다　/　Minos 왕의 궁전 안에.　　하지만,　/

[1]A famous engineer, Daedalus, / built a maze / in King Minos' palace. [2]However, /

Minos는 원하지 않았다　/　아무도 아는 것을　/　그 미로에 대해.　그래서 그는 가두었다 / Daedalus와

Minos didn't want / anybody to know / about the maze. [3]So he kept / Daedalus

그의 아들 Icarus를 / 미로 안에.   Daedalus는 알았다 // Minos 왕이 통제한다는 것을 / 모든

and his son, Icarus, / in the maze. ⁴Daedalus knew // King Minos controlled / all

출구들을 / 육지와 바다로의.   그는 결심했다 / 대신에 날아가기로 / 그 미로에서 탈출하기 위해.

exits / by land and sea. ⁵He decided / to fly instead / to escape from the maze.

그는 모았다 / 많은 새의 깃털들을.   그는 네 개의 날개를 만들었다 / 밀랍으로.

⁶He gathered / a lot of bird feathers. ⁷He made four wings / with wax.

Daedalus는 Icarus에게 경고했다 / 날개들에 대해.   그는 말했다 // 그들은 날지 말아야 한다고 /

⁸Daedalus warned Icarus / about the wings. ⁹He said // that they shouldn't fly /

너무 높이 / 그리고 태양에 (너무) 가깝게.   그들이 날기 시작했을 때, // Icarus는 잊었다 / 그의

too high / and close to the sun. ¹⁰When they started to fly, // Icarus forgot / his

아버지의 경고를.   그는 날았다 / 태양을 향해.   태양은 매우 뜨거웠다. // 그래서

father's warning. ¹¹He flew / toward the sun. ¹²The sun was very hot, // so the

밀랍이 녹았다.   Icarus는 바다에 빠졌다.

wax melted. ¹³Icarus fell into the sea.

🌿 우리말 해석

날개를 달고 높이 날기

¹유명한 기술자 Daedalus는 Minos 왕의 궁전 안에 미로를 지었습니다. ²하지만 Minos는 아무도 그 미로에 대해 알기를 원하지 않았어요. ³그래서 그는 Daedalus와 그의 아들 Icarus를 미로 안에 가두었답니다. ⁴Daedalus는 Minos 왕이 육지와 바다로 통하는 모든 출구를 통제한다는 것을 알고 있었어요. ⁵미로에서 탈출하기 위해, 그는 대신에 날아가기로 결심했어요. ⁶그는 새의 깃털을 많이 모았어요. ⁷그는 밀랍으로 네 개의 날개를 만들었습니다.
⁸Daedalus는 Icarus에게 날개에 대해 경고했어요. ⁹그는 그들이 너무 높이 그리고 태양에 너무 가깝게 날지 말아야 한다고 말했어요. ¹⁰그들이 날기 시작했을 때, Icarus는 자신의 아버지의 경고를 잊어버렸어요. ¹¹그는 태양을 향해 날아갔습니다. ¹²태양이 매우 뜨거워서 밀랍이 녹아버렸어요. ¹³Icarus는 바다에 빠지고 말았습니다.

🌿 주요 문장 분석하기

⁴Daedalus **knew** (**that**) King Minos controlled *all exits* [by land and sea].
    주어   동사   주어′   동사′   목적어′

→ 동사 knew는 「(that)+주어+동사」 형태인 목적어를 가질 수 있으며 '~하다는 것'이라 해석한다. 이때 that은 생략할 수 있다.

→ by land and sea는 앞의 all exits를 뒤에서 꾸며준다.

⁹He **said** that they ***shouldn't*** fly too high *and* (too) close to the sun.
주어 동사   주어′   동사′

→ 「say[said]+(that)+주어+동사」형태이며, '~하다는 것을 말하다[말했다]'라는 의미이다.

→ shouldn't는 should not의 줄임말이며, '~해서는 안된다'의 의미로 금지를 나타낸다.

→ too high와 close to the sun이 and로 연결되었으며, close 앞에 too가 생략되었다.

¹⁰**When** they started **_to fly_**, Icarus forgot his father's warning.

주어′ 동사′ 목적어′ 주어 동사 목적어

→ When은 '~할 때'의 의미이며, 문장과 문장을 연결하는 시간을 나타내는 접속사이다.

→ to fly는 '나는 것'이라 해석하며, 동사 started의 목적어이다.

¹²The sun was very hot, // **so** the wax melted.

주어1 동사1 주어2 동사2

→ so는 '그래서'라는 의미이며, 결과를 나타내는 문장을 연결하는 접속사이다.

03 Stories with Facts

pp.76 ~ 79

p. 77 Check Up	1 ②	2 ③	3 ④	4 ①	5 ⓐ: facts ⓑ: true

p.78 Build Up	ⓐ important	ⓑ history	ⓒ children	ⓓ true

p.78 Sum Up	ⓐ myths	ⓑ true	ⓒ real	ⓓ example	ⓔ the poor

p.79 Look Up

A 1 famous 2 grandchildren 3 similar

B 1 band - 무리 2 fact - 사실
   3 legend - 전설 4 real - 진짜의, 실제의

C 1 similar 2 poor 3 important

Check Up

1 전설의 특징과 Robin Hood를 예시로 들어 설명하는 글이므로 정답은 ②이다.

2 전설은 역사상 중요한 장소들에 관한 이야기라고 했고, 실제 장소가 이야기 안에 있다고(~ real places were in the stories.) 했으므로, 글의 내용과 틀린 것은 ③이다.

3 전설은 신화처럼 오래된 이야기로 자손들에게 입에서 입으로 전해진다고(People made up and told stories to their children and their grandchildren, just like myths.) 했다. 전설 속에는 실제 장소들이 등장하기 때문에 사람들은 전설이 사실이라고 믿었으며(People believed legends were true because real places were in the stories.), Robin은 록슬리 출신이라고(~, there was a real Robin of Loxley (Robin Hood), ~.) 했다. 하지만 Robin이 강도가 된 이유에 대한 내용은 글에 없으므로 정답은 ④이다.

① 전설은 신화와 어떻게 비슷한가? ② 사람들은 왜 전설이 사실이라 믿었는가?

③ Robin Hood는 어디 출신인가? ④ Robin Hood는 어떻게 강도가 되었는가?

4 실제 인물이 나오는 전설로 Robin Hood를 예로 들면서, 그가 실제 인물이기는 하지만, 그를 따르는 강도 무리가 실제로는 없었다고 했으므로(But he didn't have a band of robbers.), 그에 관한 이야기가 대부분 '사실이 아닌' 내용이라는 것이 흐름상 가장 자연스럽다.

① 사실인 ② 유명한 ③ 비슷한 ④ 중요한

5 | 전설은 ⓐ 실제에 근거하지만, 항상 ⓑ 사실인 것은 아니다.

Build Up

질문 1	대답 1
전설은 무엇인가?	그것은 ⓑ 역사적으로 ⓐ 중요한 장소들이나 유명한 사람들에 관한 오래된 이야기이다.

질문 2	대답 2
우리는 어떻게 전설을 아는가?	신화와 마찬가지로, 사람들은 그들의 ⓒ 자식들과 손주들에게 이야기를 전했다.

질문 3	대답 3
전설은 사실인가?	그것은 실제에 근거한다. 하지만 항상 ⓓ 사실인 것은 아니다.

Sum Up

전설은 ⓐ 신화들처럼 매우 오래된 이야기이다. 사람들은 ⓒ 실제 장소들이 이야기 속에 있기 때문에 전설이 ⓑ 사실이라고 믿었다. 하지만 그것이 항상 사실인 것은 아니다. ⓓ 예를 들어, Robin Hood는 실제 인물이었고 ⓔ 가난한 사람들을 도와주었지만, 그는 강도 무리와 함께 일하지 않았다.

🌿 끊어서 읽기

전설은 매우 오래된 이야기이다.   그것들은 신화와 매우 비슷하다. 사람들은 (이야기를) 만들어 냈다 /
¹Legends are very old stories. ²They are very similar to myths. ³People made up /

그리고 이야기를 전했다 /   그들의 자식들과 손주들에게.   / 신화와 마찬가지로.
and told stories / to their children and their grandchildren, / just like myths.

하지만 전설은 보통   /   중요한 장소들이나 유명한 인물들에 관한 것이다   / 역사적으로.
⁴But legends are usually / about important places or famous people / in history.

사람들은 믿었다   //   전설이 사실이라고   //   실제 장소들이 있었기 때문에   / 이야기 안에.
⁵People believed // legends were true // because real places were / in the stories.

전설은 사실에 근거한다,   //   하지만 그것들이 항상 사실은 아니다.   어떤 전설들은
⁶Legends are based on facts, // but they are not always true. ⁷Some legends are

이야기이다 / 실제 인물들에 대한;   // 다른 것들은 그렇지 않다. 예를 들어,   / 실제 록슬리 출신의
stories / about real people; // others are not. ⁸For example, / there was a real

Robin이라는 어떤 사람이(Robin Hood) 있었다. // 그리고 그는 가난한 사람들을 도왔다. 그러나 그는 있지 않았다 /
Robin of Loxley (Robin Hood), // and he helped the poor. ⁹But he didn't have /

강도 무리가. 그에 관한 이야기 중 대부분은 / 사실이 아니다.
a band of robbers. ¹⁰Most of the stories about him / are not true.

🌿 우리말 해석

사실을 포함한 이야기

¹전설은 매우 오래된 이야기입니다. ²그것들은 신화와 매우 비슷해요. ³사람들은 신화와 마찬가지로 이야기를 만들어 냈고, 그들의 자식들과 손주들에게 그것을 전했어요. ⁴하지만 전설은 보통 역사적으로 중요한 장소들이나 유명한 인물들에 관한 것입니다. ⁵사람들은 실제 장소들이 이야기 속에 있기 때문에 전설이 사실이라고 믿었죠.

⁶전설은 실제로 일어난 일에 근거하지만, 항상 사실인 것은 아닙니다. ⁷어떤 전설들은 실제 인물들에 관한 이야기이고, 다른 전설들은 그렇지 않습니다. ⁸예를 들어, 실제 록슬리 출신의 Robin이라는 어떤 사람이(Robin Hood) 있었고 그는 가난한 사람들을 도와주었어요. ⁹그러나 그는 강도 무리가 없었습니다. ¹⁰그에 관한 이야기 중 대부분은 사실이 아닙니다.

🌿 주요 문장 분석하기

⁵<u>People</u> <u>believed</u> (**that**) <u>legends</u> <u>were</u> <u>true</u> **because** <u>real places</u> <u>were</u> in the stories.
    주어   동사   주어′   동사′   보어′   주어′   동사′

→ legends were true 문장이 동사 believed의 목적어로 쓰이고 맨 앞에 that이 생략되었다.

→ because는 '~ 때문에'라는 의미이며, 문장과 문장을 연결하는 이유를 나타내는 접속사이다.

⁷<u>Some legends</u> <u>are</u> <u>stories about real people</u>; **others** <u>are not</u> (stories about real people).
    주어1   동사1   보어1   주어2   동사2

→ others는 other legends를 가리킨다.

→ 중복을 피하기 위해 are not 뒤에 stories about real people이 생략되었다.

⁸~, there was **a real Robin** [of Loxley] (Robin Hood), and he helped **the poor**.

→ of Loxley는 앞의 a real Robin을 뒤에서 꾸며준다.

→ a Robin은 'Robin이라는 어떤 사람'을 의미한다.

→ 「the+형용사」는 '~인(한) 사람들'이라는 뜻이다.

| p. 81 **Check Up** | 1 ④ | 2 ④ | 3 ③ | 4 ② | 5 ⓐ: gave ⓑ: followed |

| p. 82 **Build Up** | 1 (D) | 2 (A) | 3 (C) | 4 (B) |

1 → 3 → 4 → 2

| p. 82 **Sum Up** | ⓐ palace | ⓑ steal | ⓒ puppy | ⓓ arrived | ⓔ life |

p. 83 **Look Up**

A 1 take   2 fish   3 follow

B 1 dead - 죽은   2 guard - 경비, 보초

   3 forgiveness - 용서   4 finally - 마침내

C 1 forgive   2 stole   3 lives

Check Up

1 물에 빠져 용궁에 가게 된 남자가 용왕이 준 흰 강아지를 따라 다시 집으로 돌아온 이야기이므로 정답은 ④이다.

2 남자는 집으로 돌아온 후에, 자신의 가족을 보게 되어 정말 행복했다고(He was very happy to see his family.) 했으므로 글의 내용과 틀린 것은 ④이다.

3 흰 강아지를 주면서 그것을 따라가라고 말한 것은 용왕이므로 정답은 ③이다. 나머지는 모두 '남자'를 가리킨다.

4 빈칸 뒤 문장에서 강아지가 남자에게 자신의 생명을 주었다고 했으므로, 강아지가 '죽었다'는 것을 알 수 있다.
 따라서 빈칸에는 dead(죽은)가 가장 알맞다.
 ① 아픈   ② 죽은   ③ 피곤한   ④ 행복한

5
> 왕은 그 남자에게 흰 강아지를 ⓐ 주었고, 그 남자는 강아지를 그의 집까지 ⓑ 따라갔다.

Build Up

❶ — (D) 용궁에서 온 경비들은 그 남자를 왕에게 데려갔다.

❸ — (C) 그 남자는 왕의 용서를 구했다.

❹ — (B) 왕은 그 남자를 용서했고 그에게 흰 강아지를 주었다.

❷ — (A) 그 남자는 그 강아지를 그의 가족에게로 따라갔다.

한 남자가 물에 빠졌다. 그가 눈을 떴을 때, 그는 ⓐ 용궁에 있었다. 경비병들은 그가 더 많은 물고기를 ⓑ 훔치기 위해 왔다고 믿어서 그를 왕에게 데려갔다. 하지만 왕은 그를 용서했고 그에게 흰 ⓒ 강아지를 주었다. 그 남자는 그 강아지를 따라갔고 마침내 집에 ⓓ 도착했다. 그러나 그 강아지는 그 남자에게 자신의 ⓔ 생명을 주었다.

끊어서 읽기

한 남자가 물에 빠졌다 // 그가 낚시하고 있었을 때. 그는 생각했다 // 그가 죽었다고.
¹A man fell into the water // when he was fishing. ²He thought // he was dead.

그러나 그가 그의 눈을 떴을 때, // 그는 용궁에 있었다. 경비병들은
³But when he opened his eyes, // he was in an underwater palace. ⁴The guards

믿었다 // 그가 왔다고 / 더 많은 물고기를 훔치기 위해. // 그래서 그들은 그를 데려갔다 / 왕에게로.
believed // that he came / to steal more fish, // so they took him / to the king.

그 남자는 구했다 / 왕의 용서를. 삼 일 후에, / 왕은
⁵The man begged / for the king's forgiveness. ⁶After three days, / the king

그를 용서했다.
forgave him.

그러고 나서 왕은 그에게 주었다 / 흰 강아지를. 그는 또한 말했다, // "그 강아지를 따라가라.
⁷Then the king gave him / a white puppy. ⁸He also said, // "Follow the puppy.

그것이 너를 집으로 데려갈 것이다." 그 남자는 강아지를 따라갔다 / 그리고 마침내 집에 도착했다.
⁹It'll take you home." ¹⁰The man followed the puppy / and finally arrived home.

그는 매우 기뻤다 / 자신의 가족을 보게 되어. 그러나 곧 / 강아지는 죽었다.
¹¹He was very happy / to see his family. ¹²But soon / the puppy was dead.

강아지는 그것의 생명을 주었다 / 그 남자에게.
¹³The puppy gave its life / to the man.

우리말 해석

왕의 선물

¹한 남자가 낚시하고 있었을 때 물에 빠졌습니다. ²그는 자신이 죽었다고 생각했습니다. ³그러나 그가 눈을 떴을 때, 그는 용궁에 있었습니다. ⁴경비병들은 그가 더 많은 물고기를 훔치러 왔다고 믿어 그를 왕에게 데려갔습니다. ⁵그 남자는 왕에게 용서를 구했습니다. ⁶삼 일 후에, 왕은 그를 용서했습니다.

⁷그러고 나서 왕은 그에게 흰 강아지를 주었습니다. ⁸왕은 또한 "그 강아지를 따라가라. ⁹그것이 너를 집으로 데려다줄 것이다."라고 말했습니다. ¹⁰그 남자는 강아지를 따라갔고 마침내 집에 도착했습니다. ¹¹그는 자신의 가족을 보게 되어 매우 기뻤습니다. ¹²그러나 곧 강아지는 죽었습니다. ¹³강아지는 그 남자에게 자신의 생명을 주었습니다.

🌾 주요 문장 분석하기

¹A man fell into the water when he **was fishing**.
　　주어　동사　　　　　　　　　　　　　주어'　　동사'

→ was fishing은 '~하고 있었다'라는 의미를 가진 「was[were]+동사원형+-ing」 형태인 과거진행형이다.

⁴The guards **believed** that he came ***to steal*** more fish, ***so*** they took him to the king.
　　주어1　　　　동사1　　　　주어1'　동사1'　　　　　　　　　　　　주어2　동사2

→ believe[believed]+(that)+주어+동사는 '~하다고 믿다[믿었다]'라는 의미이다.

→ to steal은 '훔치기 위해'라고 해석하며, 동사 came의 목적을 나타낸다.

→ so는 '그래서'라는 의미이며 결과를 나타내는 문장을 연결하는 접속사이다.

⁷Then the king **gave him a white puppy**.
　　　　주어　　　동사　간접목적어　　직접목적어

→ 「give[gave]+간접목적어+직접목적어」 형태로 '~에게 …을 주다[주었다]'라는 의미이다.

→ 간접목적어는 '~에게', 직접목적어는 '~을'로 해석한다.

¹¹He was very **happy to see** his family.
　주어　동사　　　　　　보어

→ 「happy to+동사원형」은 '~해서 행복한'이라는 의미이다.

→ very happy to see his family는 주어 He를 보충 설명한다.

CHAPTER 5

Island

01 Five Special Stones

pp.86 ~ 89

p. 87 Check Up	1 ④	2 ②	3 ③	4 ①	5 ⓐ: forgot ⓑ: sound
p. 88 Build Up	ⓐ dropped	ⓑ strongest	ⓒ forgot	ⓓ returned	ⓔ sent
p. 88 Sum Up	1 → 3 → 4 → 2				
p. 89 Look Up	A 1 drop	2 stone		3 heavy	
	B 1 bury - (땅에) 묻다	2 strong - 힘센, 강한			
	3 earth - 땅; 지구	4 fall in love with - ~와 사랑에 빠지다			
	C 1 forget	2 sound		3 strong	

Check Up

1 남자들이 지상으로 떨어진 하늘의 돌들을 찾아오는 일을 잊어버리고 하지 않자, 화가 난 신이 그들을 땅에 묻고 큰 돌을 놓았다는 이야기이다. 큰 돌이 있는 장소에 대해 전해져 내려오는 이야기이므로 정답은 ④이다.
① 특별한 돌들은 무엇인가?   ② 그 돌들은 왜 무거운가?
③ 신은 어떻게 세 남자들을 다시 데려왔는가?   ④ 누가 땅 위에 큰 돌을 두었고 왜 그랬는가?

2 가장 힘센 남자는 거문고 소리를 들었다고(When the man found the stones, he heard the sound of a geomungo.) 했지만, 그것을 실제로 보았다는 내용은 없다. 따라서 정답은 ②이다.

3 신은 딸이 떨어뜨린 돌들을 되찾고 싶어서(The god wanted the stones back.) 남자들을 보냈다고 했다.

4 지상으로 내려보낸 남자들이 해야 할 일을 잊어버리자, 신은 그들을 땅에 묻고 나서 그 위에 큰 돌을 놓았다고 했으므로, 신은 '화가 난(angry)' 상태일 것이다.
① 화가 난   ② 신이 난   ③ 슬픈   ④ 놀란

5 [그 남자들은 거문고 ⓑ 소리 때문에 자신들의 일을 ⓐ 잊어버렸다.]

Build Up

원인		결과
신의 딸은 다섯 개의 돌들을 지상으로 ⓐ 떨어뜨렸다.	→	신은 하늘에서 ⓑ 가장 힘센 남자를 지상으로 보냈다.
가장 힘센 남자는 거문고 소리를 들었다.	→	그는 자신의 일을 ⓒ 잊어버렸다.
가장 힘센 남자는 하늘로 영영 ⓓ 돌아오지 않았다.	→	신은 지상으로 두 명의 남자를 더 ⓔ 보냈다.

❶ 신은 다섯 개의 특별한 돌들을 가지고 있었다. 어느 날, 그의 딸이 그것들을 지상으로 떨어뜨렸다. →

❸ 신은 하늘에서 가장 힘센 남자를 지상으로 보냈다. 하지만 그 남자는 영영 돌아오지 않았다. →

❹ 신은 두 명의 남자를 더 보냈다. 그러나 그들 또한 돌들에 대해 잊어버렸다. →

❷ 신은 화가 났다. 그는 그 남자들을 묻고 그 땅 위에 큰 돌 하나를 놓았다.

✎ 끊어서 읽기

먼 옛날, / 신은 가지고 있었다 / 다섯 개의 특별한 돌들을. 어느 날, / 신의 딸이
¹A long time ago, / a god had / five special stones. ²One day, / the god's daughter

놀았다 / 그것들을 가지고, // 그러나 그것들은 너무 무거웠다. 그녀는 떨어뜨렸다 / 그것들 모두를 /
played / with them, // but they were too heavy. ³She dropped / all of them / to the

지상으로.
earth.

신은 원했다 / 돌들을 돌려받기를. 그래서 그는 보냈다 / 하늘에서 가장 힘센 남자를 /
⁴The god wanted / the stones back. ⁵So he sent / the strongest man in the sky /

지상으로. 그 남자가 돌들을 발견했을 때, // 그는 들었다 / 거문고 소리를.
to the earth. ⁶When the man found the stones, // he heard / the sound of a

그것은 너무 아름다웠다. // 그래서 그는 잊었다 / 자신의 일에 대해. 그는 결코
geomungo. ⁷It was very beautiful, // so he forgot / about his job. ⁸He never

돌아오지 않았다. 신은 보냈다 / 두 명의 남자를 더. 그러나 그들 또한 반했다 /
returned. ⁹The god sent / two more men. ¹⁰But they also fell in love with / the

거문고 소리에 / 그리고 그들의 일을 잊어버렸다. 신은 화가 났다. // 그래서 그는 그들을
sound of a geomungo / and forgot their job. ¹¹The god got angry, // so he buried

(땅에) 묻었다. 그는 또한 큰 돌 하나를 놓았다 / 그 땅 위에.
them. ¹²He also put a big stone / on the ground.

✎ 우리말 해석

다섯 개의 특별한 돌
¹먼 옛날, 신은 다섯 개의 특별한 돌들을 가지고 있었어요. ²어느 날, 신의 딸이 그것들을 가지고 놀았는데, 그것들은 너무 무거웠어요. ³그녀는 그것들을 모두 지상으로 떨어뜨리고 말았어요.
⁴신은 그 돌들을 돌려받기를 원했어요. ⁵그래서 그는 하늘에서 가장 힘센 남자를 지상으로 보냈지요. ⁶그 남자가 돌들을 발견했을 때, 그는 거문고 소리를 들었어요. ⁷그것이 너무 아름다워서, 그는 자신의 일에 대해 잊어버리고 말았어요. ⁸그는 영영 돌아오지 않았어요. ⁹신은 두 명의 남자를 더 보냈어요. ¹⁰그러나 그들 또한 거문고 소리에 반해 자신들의 일을 잊어버렸

죠. ¹¹신은 화가 나서, 그들을 (땅에) 묻어버렸어요. ¹²그는 또한 그 땅 위에 큰 돌을 하나 놓았답니다.

🌿 주요 문장 분석하기

³She dropped **all of** them to the earth.
　주어　　동사　　목적어

→ 「all of+복수명사」는 '~의 모두, 전부'라는 의미이다.

⁵So he sent ***the strongest*** man [in the sky] to the earth.
　주어　동사　　　　　목적어

→ the strongest는 '가장 힘센'이라는 의미이며, 형용사 strong의 최상급 표현이다.

→ the strongest man을 in the sky가 뒤에서 꾸며주고 있다.

⁶**When** the man found the stones, he heard ***the sound*** [of a geomungo].
　　　주어´　　동사´　　목적어´　　주어　동사　　　　목적어

→ When은 '~할 때'라는 의미이며, 문장과 문장을 연결해주는 접속사이다.

→ of a geomungo는 앞에 the sound를 뒤에서 꾸며준다.

02　Plastic Islands　　　　　pp.90 ~ 93

p. 91 Check Up	1 ③　2 (a)○ (b)○ (C)×　3 ③　4 ⓐ: distance ⓑ: spots
p. 92 Build Up	1 (C)　2 (B)　3 (A)
p. 92 Sum Up	ⓐ garbage　ⓑ islands　ⓒ pieces　ⓓ move
p. 93 Look Up	A 1 garbage　2 float　3 island B 1 actually - 실제로, 사실은　2 distance - 먼 거리, 먼 곳 　3 beach - 해변　4 move - 옮기다, 이동시키다 C 1 float　2 pieces　3 ocean

Check Up

1 해류로 옮겨진 많은 플라스틱과 어망과 같은 쓰레기들이 하나의 섬을 만들었다는 내용의 글이므로, 정답은 ③이다.

2 (a) 세계 지도에서 찾을 수 없는 섬들이 있다고(But you won't find some islands on a world map.) 했으므로 글의 내용과 맞다.

(b) 해류는 플라스틱과 어망과 같은 쓰레기를 여기저기 옮긴다고(The ocean currents move them around.) 했으므로 글의 내용과 맞다.

(c) 쓰나미가 육지에서 바다로 쓰레기를 이동시킬 수 있다고(Tsunamis can also move garbage from the land to the sea.) 했으므로 글의 내용과 틀리다.

3 빈칸 앞은 바다에 플라스틱과 어망이 떠 있고, 이를 해류가 이동시킨다는 내용이다. 이것은 '쓰레기 섬'이 만들어지는 과정을 설명하는 내용이므로 빈칸에는 a garbage island가 가장 알맞다.

① 깨끗한 바다 ② 높은 벽 ③ 쓰레기 섬 ④ 플라스틱 망

4
> 플라스틱 섬들은 ⓐ <u>멀리서</u> 작은 섬들처럼 보인다. 그것들은 실제로 쓰레기가 모인 ⓑ <u>곳들</u>이다.

Build Up

질문	대답
❶ 플라스틱 섬들은 무엇인가?	(C) 그것들은 멀리서 작은 섬들처럼 보이지만, 실제로 쓰레기가 모인 곳들이다.
❷ 그 섬들은 무엇으로 만들어졌는가?	(B) 그것들은 플라스틱과 어망으로 만들어졌다.
❸ 플라스틱과 어망은 어떻게 플라스틱 섬이 되는가?	(A) 그것들은 바다 위에 떠 있고, 해류가 그것들을 여기저기 옮긴다.

Sum Up

> 플라스틱 섬들은 진짜 섬들이 아니다. 그것들은 실제로 ⓐ <u>쓰레기</u>가 모인 곳들이다. 그것들은 작은 ⓑ <u>섬들</u>처럼 보이지만, 플라스틱과 어망으로 만들어졌다. 해류가 쓰레기를 여기저기 옮긴다. 플라스틱 ⓒ <u>조각들</u>은 전 세계에서 온다. 쓰나미도 쓰레기를 육지에서 바다로 ⓓ <u>이동시킬</u> 수 있다.

⅙ 끊어서 읽기

많은 섬들이 있다 / 세계에는. 그러나 당신은 찾지 못할 것이다 / 어떤 섬들을 /
¹There are many islands / in the world. ²But you won't find / some islands / on

세계 지도에서. 그것들은 '쓰레기 섬들' 또는 '플라스틱 섬들'이다. 그것들은 흔히 ~처럼
a world map. ³They are "garbage islands" or "plastic islands." ⁴They often look

보인다 / 작은 섬들 / 멀리서. 하지만 당신이 가까이 본다면, // 그것들은
like / small islands / from a distance. ⁵But when you look closely, // they are

실제로 쓰레기가 모인 곳들이다. // 그리고 그곳들은 ~이다 / 플라스틱과 어망으로 만들어진.
actually garbage spots, // and those spots are / made of plastic and fishing nets.

그 플라스틱과 어망은 떠 있다 / 바다에. 해류가 그것들을 여기저기 옮긴다.
⁶The plastic and fishing nets float / on the ocean. ⁷The ocean currents move

그리고 나서, / 그것들은 된다 / 쓰레기 섬이. 플라스틱 조각들은 /

them around. ⁸Then, / they become / a garbage island. ⁹The pieces of plastic /

~에서 온다 / 전 세계. 그것들은 올 수 있다 / 어느 강이나 해변으로부터.

come from / all over the world. ¹⁰They could be / from any river or beach.

쓰나미는 또한 쓰레기를 이동시킬 수 있다 / 육지에서 / 바다로.

¹¹Tsunamis can also move garbage / from the land / to the sea.

우리말 해석

플라스틱 섬

¹세계에는 많은 섬들이 있습니다. ²그러나 어떤 섬들은 세계 지도에서 찾을 수 없을 것입니다. ³그것들은 '쓰레기 섬' 또는 '플라스틱 섬'입니다. ⁴그것들은 흔히 멀리서 작은 섬처럼 보여요. ⁵하지만 당신이 가까이 본다면, 그것들은 실제로 쓰레기가 모인 곳이며, 그곳들은 플라스틱과 어망으로 만들어졌어요.

⁶그 플라스틱과 어망은 바다에 떠 있어요. ⁷해류가 그것들을 여기저기 옮깁니다. ⁸그러다가, 그것들은 쓰레기 섬이 됩니다. ⁹플라스틱 조각들은 전 세계에서 옵니다. ¹⁰그것들은 어느 강이나 해변에서든 올 수 있어요. ¹¹쓰나미도 쓰레기를 육지에서 바다로 이동시킬 수 있습니다.

주요 문장 분석하기

²But you **won't** *find* some islands on a world map.
주어 / 동사 / 목적어

→ won't는 will not의 줄임말로 '~하지 않을 것이다'라는 의미이다.

→ will은 미래를 나타내는 표현으로, 뒤에 동사원형이 온다.

⁹*The pieces* [of plastic] **come** from all over the world.
주어

→ 「pieces of+명사」는 '~의 조각들'을 의미한다.

→ The pieces가 진짜 주어로 복수이므로 동사 come이 쓰였다.

¹⁰They **could** be from any river or beach.
주어 / 동사 / 보어

→ could는 '~할 수 있다'라는 의미로 가능성이 있음을 나타낸다.

p. 95 Check Up	1 ② 2 (a)○ (b)✕ (C)○ 3 ③ 4 ②
	5 ⓐ: rock ⓑ: birth
p. 96 Build Up	ⓐ orderd ⓑ run away ⓒ let ⓓ earth
p. 96 Sum Up	ⓐ hide ⓑ anywhere ⓒ jumped ⓓ became
p. 97 Look Up	A 1 hide 2 swim 3 run away
	B 1 soon - 곧 2 allow - 허락하다
	3 sadly - 슬프게도 4 give birth to - (아이를) 낳다
	C 1 jealous 2 ordered 3 jumped

Check Up

1 Leto가 Hera를 피해 바다에 떠 있던 큰 바위에서 쌍둥이를 낳았는데, 그것이 섬이 되었다는 내용이므로 정답은 ②이다.

2 (a) 지상에서는 아무도 Leto를 도와주지 않았다고(Sadly, no one helped Leto.) 했으므로 글의 내용과 맞다.
(b) Hera는 뱀에게 Leto를 먹을 것을 명령했다고(She ordered the snake to eat Leto.) 했으므로 글의 내용과 틀리다.
(c) Leto는 바위 위로 올라가 거기서 아기들을 낳았다고(Leto climbed onto the rock and gave birth to the babies there.) 했으므로 글의 내용과 맞다.

3 Leto를 질투해서 지상에 있는 것을 허락하지 않은 것은 Hera이므로 가리키는 대상이 다른 것은 ③이다. 나머지는 모두 Leto를 가리킨다.

4 Hera는 지상 어디에서도 Leto를 허락하지 않았는데, Leto가 바다에서 헤엄치다가 본 큰 바위는 바다에 떠 있어서 지상에 있는 것이 아니므로 'Hera로부터 안전한' 곳으로 볼 수 있다.
① ~와 괜찮은   ② ~로부터 안전한   ③ ~에게 작은   ④ ~에게 가까운

5
Leto는 바다 위에 떠 있는 큰 ⓐ 바위를 향해 헤엄쳤고 거기서 쌍둥이를 ⓑ 낳았다.

Build Up

질문 1 Hera는 왜 Leto에게 뱀을 보냈는가?	대답 1 Hera는 Leto를 질투해서 그녀는 그 뱀에게 Leto를 먹으라고 ⓐ 명령했다.
질문 2 Leto는 뱀으로부터 ⓑ 도망치기 위해 무엇을 했는가?	대답 2 그녀는 바다로 뛰어들었고 수영했다.

<table>
<tr><td>

질문 3

바다 위에 있는 큰 바위는 왜 Hera로부터 안전한가?

</td><td>

대답 3

Hera는 Leto를 지상 어디에서도 **c** 허락하지 않았고, 그 바위는 **d** 지상에 있는 것이 아니었다.

</td></tr>
</table>

Sum Up

Leto는 Hera로부터 **a** 숨어야 했다. Hera는 화가 났기 때문에, Leto를 지상 **b** 어디에서도 허락하지 않았다. 그녀는 뱀도 보냈고, 그것에게 Leto를 먹으라고 명령했다. Leto는 도망쳐서 바다로 **c** 뛰어들었다. 그녀는 바다에 떠 있는 바위를 보았다. Leto는 그것 위에 올라갔고, 거기서 쌍둥이를 낳았다. 곧, 그 바위는 섬이 **d** 되었다.

끊어서 읽기

Leto는 Apollo와 Artemis의 어머니였다.   그녀가 쌍둥이를 낳기 전에,
¹Leto was the mother of Apollo and Artemis. ²Before she gave birth to the twins,

//   그녀는 숨고 싶었다 / Hera로부터.   Hera는 매우 화가 났다 / 그리고 그녀를 질투했다. 그래서
// she wanted to hide / from Hera. ³Hera was very angry / and jealous of her. ⁴So

그녀는 그녀를 허락하지 않았다 /   지상 어디에서도.   슬프게도, / 아무도 Leto를 돕지 않았다.
she didn't allow her / anywhere on the earth. ⁵Sadly, / no one helped Leto.

    Hera는 뱀을 보냈다,   / ~도.   그녀는 뱀에게 명령했다 / Leto를 먹으라고. 그것으로부터 도망치기 위해,
⁶Hera sent a snake, / too. ⁷She ordered the snake / to eat Leto. ⁸To run away from

    /   Leto는 바다로 뛰어들었다.   그녀가 헤엄을 쳤을 때, // 그녀는 큰 바위를 보았다 /
it, / Leto jumped into the sea. ⁹When she swam, // she saw a big rock / floating

바다에 떠 있는.   그것은 ~아니었다 / 지상에 있는, // 그래서 그것은 안전했다 / Hera로부터.
on the sea. ¹⁰It wasn't / on the earth, // so it was safe / from Hera.

    Leto는 바위 위로 올라갔다   /   그리고 아기들을 낳았다   / 거기서.   곧,   /
¹¹Leto climbed onto the rock / and gave birth to the babies / there. ¹²Soon, / the

    바위가 멈췄다   /   바다 위에 떠 있기를.   그것은 섬이 되었다.
rock stopped / floating on the sea. ¹³It became an island.

우리말 해석

Delos 섬

¹Leto는 Apollo와 Artemis의 어머니였습니다. ²그녀는 쌍둥이를 낳기 전에, Hera로부터 숨으려고 했어요. ³Hera는 매우 화가 났고 그녀를 질투했습니다. ⁴그래서 그녀는 지상 어디에서도 Leto(가 있는 것)를 허락하지 않았습니다. ⁵슬프게도, 아무도 Leto를 돕지 않았어요.

⁶Hera는 뱀도 보냈습니다. ⁷그녀는 뱀에게 Leto를 먹으라고 명령했습니다. ⁸그것을 피하기 위해, Leto는 바다로 뛰어들었

어요. ⁹그녀가 헤엄을 쳤을 때, 그녀는 바다에 떠 있는 큰 바위를 보았습니다. ¹⁰그것은 지상에 있지 않아서, Hera로부터 안전했어요. ¹¹Leto는 바위 위로 올라가 거기서 아기들을 낳았습니다. ¹²곧, 바위는 바다 위에 떠 있길 멈췄어요. ¹³그것은 섬이 되었답니다.

🌿 주요 문장 분석하기

¹Leto was **the mother** [of Apollo and Artemis].
<u>주어</u> <u>동사</u> <u>보어</u>

→ the mother of Apollo and Artemis가 주어 Leto를 보충 설명한다.

→ of Apollo and Artemis는 the mother를 뒤에서 꾸며준다.

⁵Sadly, **no one** helped Leto.
<u>주어</u> <u>동사</u> <u>목적어</u>

→ no one은 '아무도 ~ 않다'라는 의미로 여기서는 '아무도 도와주지 않았다'로 해석한다.

⁷She **ordered** the snake **to eat** Leto.
<u>주어</u> <u>동사</u> <u>목적어</u> <u>목적격 보어</u>

→ 「order[ordered]+목적어+to+동사원형」은 '~에게 …하라고 명령하다[명령했다]'라는 의미이다.

→ to eat Leto는 목적어 the snake를 보충 설명한다.

⁹When she swam, she **saw** a big rock **floating** on the sea.
<u>주어'</u> <u>동사'</u> <u>주어</u> <u>동사</u> <u>목적어</u> <u>목적격 보어</u>

→ 「see[saw]+목적어+동사원형+-ing」의 형태로 '~이 …하는 것을 보다[보았다]'라는 의미이다.

→ floating on the sea는 목적어 a big rock을 보충 설명한다.

¹²Soon, the rock **stopped floating** on the sea.
<u>주어</u> <u>동사</u> <u>목적어</u>

→ 「stop[stopped]+동사원형+-ing」의 형태로 '~하는 것을 멈추다, 그만하다[멈췄다, 그만했다]'라는 의미이다.

→ floating은 '떠 있는 것'이란 의미이며, floating on the sea는 동사 stopped의 목적어이다.

p. 99 Check Up	1 ①	2 (a)✕ (b)○ (C)○	3 ③	4 ②
	5 ⓐ: called ⓑ: terrible			

p. 100 Build Up	1 (C)	2 (B)	3 (A)

p. 100 Sum Up	ⓐ bought	ⓑ conditions	ⓒ died	ⓓ history

p. 101 Look Up	A 1 worker	2 buy	3 prison
	B 1 history - 역사	2 terrible - 끔찍한	
	3 company - 회사	4 conditions - 환경	
	C 1 hundred	2 hours	3 had to

Check Up

1 Hashima 섬에서 석탄 채굴 사업이 진행되는 동안 일본인들이 중국인과 한국인 노동자들을 강제로 가혹한 환경에서 노동을 시킨 역사를 설명한 내용이므로 정답은 ①이다.

2 (a) 지금은 그 섬에 아무도 살지 않는다고(No one lives on the island now, ~.) 했으므로 글의 내용과 틀리다.
(b) 많은 노동자들이 일할 때, 그곳은 '지옥섬' 또는 '감옥섬'이라 불렸다고(At that time, the island was called "Hell Island" or "Prison Island.") 했으므로 글의 내용과 맞다.
(c) 한국인 노동자들은 하루에 12시간 동안 일해야 했다고(The Korean workers had to work for 12 hours a day.) 했으므로 글의 내용과 맞다.

3 바다 밑에 석탄이 있었고, 그곳으로 일본인 노동자들이 이동했다는 내용으로 보아, Mitsubishi 회사는 석탄을 채굴하기 위해 Hashima 섬을 구입했음을 알 수 있다. 따라서 정답은 ③이다.

4 Hashima 섬은 '지옥섬' 또는 '감옥섬'이라 불렸고, 석탄을 채굴하는 노동자들이 가혹한 환경에서 하루 12시간 동안 일해야 했으며, 122명의 한국인 노동자들이 그 섬에서 죽었다고 했으므로, Hashima 섬은 '슬픈', '끔찍한', '암울한' 역사를 가지고 있다고 볼 수 있다.
① 슬픈 ② 괜찮은 ③ 끔찍한 ④ 암울한

5
> 노동자들이 ⓑ 끔찍한 환경에 처해 있었기 때문에 Hashima 섬은 '지옥섬' 또는 '감옥섬'이라 ⓐ 불렸다.

Build Up

질문		대답
❶ 그 섬의 이름은 무엇인가?	—	(C) 그곳의 이름은 Hashima 섬이다. 그곳은 전에 '지옥섬' 또는 '감옥섬'이라 불렸다.
❷ 누가 그 섬에 살았는가?	—	(B) 중국과 한국에서 온 노동자들이 그곳에서 살았다. 일본인들은 그들을 일하게 만들었다.

③ 그 섬에서 무슨 일이 있었는가? — (A) 많은 노동자들이 끔찍한 환경에서 일해야 했다. 몇몇의 노동자들은 그곳에서 죽기도 했다.

Sum Up

1890년, Mitsubishi 회사는 바다 밑에 석탄이 있어서 Hashima 섬을 ⓐ 구입했다. 1930년대에는 중국인과 한국인 노동자들이 그곳에서 살기 시작했다. 일본인들은 그들을 안 좋은 ⓑ 환경에서 오랜 시간 동안 일하게 했다. 그 때문에, 그들 중 많은 사람들이 ⓒ 죽었다. Hashima 섬은 슬픈 ⓓ 역사를 가지고 있다.

끊어서 읽기

¹Hashima 섬은 가지고 있다 / 슬픈 역사를. ²아무도 살지 않는다 / 지금은 그 섬에, // 그러나
¹Hashima Island has / a sad history. ²No one lives / on the island now, // but

당신은 발견할 수 있다 / 그곳에서 몇 개의 건물들을. ³1890년에, / Mitsubishi 회사가 그 섬을 구입했다.
you can find / some buildings there. ³In 1890, / the Mitsubishi company bought

석탄이 있었다 / 바다 밑에. 많은 일본인 노동자들이 그곳으로 이동했다.
the island. ⁴There was coal / under the sea. ⁵Many Japanese workers moved there.

1930년대부터, / 중국인과 한국인 노동자들이 시작했다 / 그 섬에 살기.
⁶From the 1930s, / Chinese and Korean workers started / to live on the island.

그들은 원하지 않았다, // 하지만 일본인들은 그들을 일하게 했다 / 그 섬에서.
⁷They didn't want to, // but the Japanese made them work / on the island. ⁸At

그 당시에, / 그 섬은 불렸다 / '지옥섬' 또는 '감옥섬'으로. 노동자들은
that time, / the island was called / "Hell Island" or "Prison Island." ⁹The workers

있었다 / 끔찍한 환경 속에. 한국인 노동자들은 일해야 했다 / 12시간 동안 /
were / in terrible conditions. ¹⁰The Korean workers had to work / for 12 hours /

하루에. 122명의 한국인 노동자들이 / 그 섬에서 죽었다.
a day. ¹¹One hundred twenty-two Korean workers / died on the island.

우리말 해석

감옥섬

¹Hashima 섬은 슬픈 역사를 가지고 있습니다. ²지금은 아무도 그 섬에 살지 않지만, 여러분은 몇 개의 건물들을 그곳에서 발견할 수 있습니다. ³1890년에, Mitsubishi 회사가 그 섬을 구입했습니다. ⁴바다 밑에 석탄이 있었어요. ⁵많은 일본인 노동자들이 그곳으로 이동했습니다.
⁶1930년대부터, 중국인과 한국인 노동자들이 그 섬에 살기 시작했습니다. ⁷그들은 원하지 않았지만, 일본인들은 그들을 그 섬에서 일하게 했습니다. ⁸그 당시에, 그 섬은 '지옥섬' 또는 '감옥섬'으로 불렸어요. ⁹노동자들은 끔찍한 환경에 처해 있었습니다. ¹⁰한국인 노동자들은 하루에 12시간 동안 일해야 했어요. ¹¹122명의 한국인 노동자들이 그 섬에서 목숨을 잃었습니다.

🌾 주요 문장 분석하기

⁶From the 1930s, Chinese and Korean workers started **to live** on the island.

<u>Chinese and Korean workers</u> <u>started</u> <u>to live on the island</u>
　　　　주어　　　　　　　　　　동사　　　　목적어

→ to live는 '사는 것'으로 해석하며, to live on the island는 동사 started의 목적어이다.

⁷They didn't want to, but the Japanese **made** them **work** on the island.

<u>They</u> <u>didn't want</u> to, but <u>the Japanese</u> <u>made</u> them work on the island.
주어1　동사1　　　　　　　　주어2　　　동사2　목적어2　목적격보어2

→ 「make[made]+목적어+동사원형」은 '～을 …하게 만들다, 하다[만들었다, 했다]'라는 의미이다.

⁸At that time, the island **was called** "Hell Island" or "Prison Island."

At that time, <u>the island</u> <u>was called</u> <u>"Hell Island" or "Prison Island."</u>
　　　　　　　　주어　　　　동사　　　　　　보어

→ 「is[was] called+명사」는 '～라고 불리다[불렸다]'라는 의미이다.

→ "Hell Island" or "Prison Island"는 주어 the island를 보충 설명한다.

¹⁰The Korean workers **had to** work for 12 hours a day.

<u>The Korean workers</u> <u>had to</u> work for 12 hours a day.
　　　주어　　　　　　　동사

→ 「have to[had to]+동사원형」는 '～해야 한다[했다]'라는 의미로 의무를 나타내는 표현이다.

What's Reading

Words

90 A

· 정답과 해설 ·
WORKBOOK

CHAPTER 1

Care for Others   pp.12 ~ 29

01 A Man with a Lamp

p.2

A 1 surprised   2 carries
   3 appear   4 answer
   5 care about   6 lamp
   7 road

B 1 O : The traveler, was
   2 O : A twinkling lamp, appeared
   3 O : A traveler, was walking
   4 O : It, he, was, got

C 1 When he was close to the light
   2 Why are you carrying a lamp
   3 we won't bump into each other
   4 His warm heart was brighter than a lamp

02 Franklin's Favor

p.4

A 1 friendly   2 know
   3 borrow   4 Return
   5 decide   6 lend
   7 favor

B 1 O : This, is
   2 O : they, became
   3 O : Some people, didn't like
   4 O : Franklin, wrote, returned

C 1 Franklin decided to ask them a favor
   2 Franklin asked to borrow a book
   3 That person started to like Franklin
   4 When someone asks us for help

03 Soup Kitchens

p.6

A 1 introduce   2 feed
   3 set   4 arrive
   5 leave   6 At first
   7 proud

B 1 O : He, tells
   2 O : the soup kitchen, was
   3 O : I, went
   4 O : He, I, cut, set

C 1 We stopped and bought some chicken
   2 Uncle Will introduced me to the other helpers
   3 people in line came inside
   4 But they looked full, when they left

04 Place for the Hungry

p.8

A 1 low   2 free
   3 choose   4 serve
   5 add   6 still
   7 soup

B 1 O : everyone, can have
   2 O : Soup kitchens, started
   3 O : Each soup kitchen, had
   4 O : Some soup kitchens, sell

C 1 soup kitchens served soup and bread
2 They could add water to the soup
3 There was a soup kitchen in every city and town
4 they serve food and give out clothes

• CHAPTER 2 •

Jobs
pp.30 ~ 47

01 Career Day

p.10

A 1 grow up   2 take care of
3 bring   4 teach
5 guest   6 work
7 grown-up   8 interesting

B 1 O: They, talked
2 O: The next guest, was
3 O: Grown-ups, have
4 O: His name, he, is, teaches

C 1 Many guests visited our class
2 The babies are cute, but they cry a lot
3 He taught our teacher
4 What will I become, when I grow up

02 The Garbage Collectors

p.12

A 1 full   2 about
3 cause   4 mean
5 collect   6 sell
7 make money

B 1 O: Zabbaleen, means
2 O: the Zabbaleen, don't make
3 O: They, go, collect
4 O: They, find, sell

C 1 They bring the garbage to their village
2 The village is full of garbage
3 They give food waste to their pigs
4 The garbage causes many health problems

03 Work Experience

p.14

A 1 different   2 begin
3 bored   4 Put on
5 experience   6 list
7 shoot

B 1 O: The screen, showed
2 O: The firefighter, kept
3 O: Lily, lay, put on
4 O: She, a new movie, chose, began

C 1 Lily could experience one of the jobs
2 She wanted to see, a firefighter shoot water
3 he was typing at his desk
4 It looks like a perfect job

04 Interesting Jobs

p.16

A 1 sound   2 check
3 hurt   4 job

5 tough   6 Grab

7 throw away

B 1 O: They, <u>get</u>

2 O: Scientists, <u>need</u>

3 O: Bicycle fishers, <u>take</u>, <u>fish out</u>

4 O: The job, it, <u>may sound</u>, <u>can be</u>

C 1 They grab the snake's head and collect poison

2 They go down the slide and check its safety

3 people love riding bicycles

4 They often throw away old bicycles in rivers

• CHAPTER 3 •

Culture   pp.48 ~ 65

1 The Colors of Us

p.18

A 1 take out   2 dark

3 see   4 walk

5 get   6 color

7 playground

B 1 O: I, <u>think</u>

2 O: Mom, <u>teaches</u>

3 O: Izzy's skin, Lena, is, <u>has</u>

4 O: Mixing red, yellow, black, and white, <u>will make</u>

C 1 Mom takes me out to the playground

2 Sophia has light yellow-brown skin

3 We see other people with different skin colors

4 The colors of us are different but beautiful

2 Welcome to My Planet!

p.20

A 1 Imagine   2 only

3 place   4 language

5 planet   6 under

7 between   8 come from

B 1 O: The rest, <u>are</u>

2 O: I, <u>started</u>

3 O: Every one of us, <u>is</u>

4 O: The other fifty, <u>are</u>

C 1 There are about 7.8 billion people

2 Fifty out of a hundred are male

3 We come from different places

4 We have different cultures and languages

3 Halloween

p.22

A 1 use   2 celebrate

3 near   4 slowly

5 for fun   6 come out

7 keep away   8 dress

B 1 O: They, <u>use</u>

2 O: October 31, <u>was</u>

3 O: people in Britain, <u>celebrated</u>

4 O: Black, orange, <u>means</u>, <u>means</u>

C 1 All Hallows' Eve slowly changed to Halloween

2 People tried to keep the ghosts away

3 People also dressed like witches and ghosts

4 People still do those things just for fun

04 White and Orange

p.24

A 1 link   2 harvest

3 joy   4 think

5 comes to mind   6 show

7 desert

B 1 O: White, <u>is</u>

2 O: Orange, <u>means</u>

3 O: Buddhist monks, <u>wear</u>

4 O: Wearing white, <u>started</u>

C 1 Brides wear white dresses to show purity

2 orange means fall and harvest

3 You will see Dutch players in orange uniforms

4 Orange is the color of the royal family

CHAPTER 4

Tales
pp.66 ~ 83

01 Stories about Gods

p.26

A 1 anger   2 control

3 nature   4 power

5 example   6 explain

7 make up

B 1 O: A myth, <u>is</u>

2 O: Another example, <u>is</u>

3 O: People, <u>made up</u>, <u>told</u>

4 O: Stories about the Greek and Roman gods, <u>are</u>

C 1 People couldn't explain many things

2 Gods have power and control over humans

3 Zeus would show his anger with storms

4 he was the creator of the world

02 Flying High with Wings

p.28

A 1 high   2 However

3 fall   4 anybody

5 melt   6 build

7 a lot of

B 1 O: They, <u>shouldn't fly</u>

2 O: Daedalus, <u>built</u>

3 O: he, <u>kept</u>

4 O: The sun, the wax, <u>was</u>, <u>melted</u>

C 1 Minos didn't want anybody to know

2 King Minos controlled all exits

3 He decided to fly instead, to escape from the maze

4 Daedalus warned Icarus about the wings

03 Stories with Facts

p.30

A 1 real   2 similar

3 band   4 true

5 poor   6 facts

7 important

B 1 O : He, <u>didn't have</u>

2 O : legends, <u>are</u>

3 O : Some legends, others, <u>are</u>, <u>are</u>

4 O : Legends, they, <u>are</u>, <u>are</u>

C 1 Legends are very similar to myths

2 People made up and told stories to their children

3 People believed legends were true

4 Most of the stories about him are not true

04 A King's Gift

p.32

A 1 forgiveness   2 life

3 fish   4 steal

5 Follow   6 forgive

7 dead

B 1 O : He, <u>was</u>

2 O : The puppy, <u>gave</u>

3 <u>Follow</u>

4 O : The man, <u>followed</u>, <u>arrived</u>

C 1 A man fell into the water

2 The guards took him to the king

3 The man begged for the king's forgiveness

4 He was very happy to see his family

• CHAPTER 5 •

Island
pp.84 ~ 101

01 Five Special Stones

p.34

A 1 earth   2 stone

3 sound   4 strong

5 heavy   6 drop

7 forget   8 fall in love with

B 1 O : The god, <u>wanted</u>

2 O : It, he, <u>was</u>, <u>forgot</u>

3 O : The god, he, <u>got</u>, <u>buried</u>

4 O : The god's daughter, they, <u>played</u>, <u>were</u>

C 1 She dropped all of them to the earth

2 He sent the strongest man in the sky

3 They fell in love with the sound of a geomungo

4 He put a big stone on the ground

02 Plastic Islands

p.36

Actually   2 ocean

distance   4 island

piece   6 garbage

7 float

B 1 O: They, <u>could be</u>

   2 O: Those spots, <u>are</u>

   3 O: The ocean currents, <u>move</u>

   4 O: They, those spots, <u>are</u>, <u>are</u>

C 1 But you won't find some islands

   2 They look like small islands from a distance

   3 The plastic and fishing nets float on the ocean

   4 can move garbage from the land to the sea

03 Delos Island

p.38

A 1 give birth to   2 jealous

   3 order   4 hide

   5 allow   6 run away

   7 jump

B 1 O: Leto, <u>was</u>

   2 O: She, <u>ordered</u>

   3 O: the rock, <u>stopped</u>

   4 O: Leto, <u>jumped</u>

C 1 Leto wanted to hide from Hera

   2 Hera was very angry, and jealous of Leto

   3 Hera didn't allow her, anywhere on the earth

   4 Leto climbed onto the rock

04 Prison Island

p.40

A 1 prison   2 company

   3 hundred   4 hour

   5 history   6 terrible

   7 have to

B 1 O: the Mitsubishi company, <u>bought</u>

   2 O: the island, <u>was called</u>

   3 O: Chinese and Korean workers, <u>started</u>

   4 O: No one, you, <u>lives</u>, <u>can find</u>

C 1 There was coal under the sea

   2 The Japanese made Korean workers work

   3 The workers were in terrible conditions

   4 They had to work for 12 hours a day

MEMO

왓츠리딩

한눈에 보는
왓츠 Reading 시리즈

70 A|B | 80 A|B

90 A|B | 100 A|B

1 체계적인 학습을 위한 시리즈 및 난이도 구성
2 재미있는 픽션과 유익한 논픽션 50:50 구성
3 이해력과 응용력을 향상시키는 다양한 활동 수록
4 지문마다 제공되는 추가 어휘 학습
5 워크북과 부가자료로 완벽한 복습 가능
6 학습에 편리한 차별화된 모바일 음원 재생 서비스
  → 지문, 어휘 MP3 파일 제공

단계	단어 수 (Words)	Lexile 지수
70 A	60 ~ 80	200-400L
70 B	60 ~ 80	
80 A	70 ~ 90	300-500L
80 B	70 ~ 90	
90 A	80 ~ 110	400-600L
90 B	80 ~ 110	
100 A	90 ~ 120	500-700L
100 B	90 ~ 120	

* Lexile(렉사일) 지수는 미국 교육 연구 기관 MetaMetrics에서 개발한 독서능력 평가지수로, 미국에서 가장 공신력 있는 지수로 활용되고 있습니다.

READING RELAY 한 권으로
영어를 공부하며 국·수·사·과까지 5과목 정복!

리딩릴레이 시리즈

① 각 챕터마다 주요 교과목으로 지문 구성!

우리말 지문으로 배경지식을 읽고, 관련된 영문 지문으로 독해력 키우기

중2 사회 교과서 中 **해수면 상승과 관련 지문**	리딩릴레이 Master 2권 **해수면 상승 지문**		

② 기후 변화는 인간 생활에 어떤 영향을 미칠까?

빙하 감소와 해수면 상승 지구 온난화의 영향으로 지표면의 온도가 높아지면서 빙하의 면적이 줄어들고 있다. 남극과 북극의 빙하, 알프스산맥, 히말라야산맥, 안데스산맥의 빙하가 급격하게 녹고 있다. 이렇게 녹은 물이 바다로 흘러들어 간다. 그 결과 방글라데시와 같이 해안 저지대에 있는 나라는 서로 범람 및 침수 피해를 겪고 있으며, 몰디브를 비롯하여 나우루 등 많은 섬나라는 국토가 점차 바닷물에 잠겨 지구상에서 사라질 위기에 놓여 있다.

According to researchers, the Maldives won't look the same as it does now. As the Maldives is the islands in the Maldives are likely to be sunk under the ocean and researchers.

배경지식 연계 ➡ **타과목 연계 목차** ➡

Chapter 01 초콜릿 음료	**중학 역사1** 신항로 개척과 대서양 무역의 확[ ] 고등 세계사 – 문명의 성립과 통일 제[ ]
Chapter 02 [ ] 안 되는 나라	**중학 국어** 세상의 안과 밖 고등 통합사회 – 세계의 다양한 문화[ ]
Chapter 03 적도와 가까운 도시 Quito	**중학 사회1** 자연으로 떠나는 여행 고등 세계지리 – 세계의 다양한 자연[ ]

② 학년별로 국/영문의 비중을 다르게!

지시문 & 선택지 기준

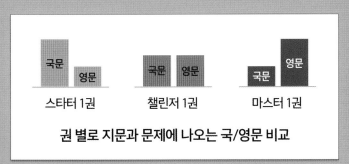

국문	영문

스타터 1권	**챌린저 1권**	**마스터 1권**

권 별로 지문과 문제에 나오는 국/영문 비교

③ 교육부 지정 필수 어휘 수록!

교육부 지정 중학 필수 어휘 🎧

genius	명 1. **천재** 2. 천부의 재능
slip	동 1. 미끄러지다 2. 빠져나가다
compose	동 1. 구성하다, ~의 일부를 이루다 2. [ ] 3. 작곡하다
	형 (현재) 살아 있는

쎄듀 초·중등 커리큘럼

	예비초	초1	초2	초3	초4	초5	초6
구문		천일문 365 일력 |초1-3| 교육부 지정 초등 필수 영어 문장		초등코치 천일문 SENTENCE 1001개 통문장 암기로 완성하는 초등 영어의 기초			
문법					초등코치 천일문 GRAMMAR 1001개 예문으로 배우는 초등 영문법		
			왓츠 Grammar			Start (초등 기초 영문법) / Plus (초등 영문법 마무리)	
독해				왓츠 리딩 70 / 80 / 90 / 100 A / B			
						쉽고 재미있게 완성되는 영어 독해력	
어휘				초등코치 천일문 VOCA&STORY 1001개의 초등 필수 어휘와 짧은 스토리			
		패턴으로 말하는 초등 필수 영단어 1 / 2		문장 패턴으로 완성하는 초등 필수 영단어			
ELT	Oh! My PHONICS 1 / 2 / 3 / 4		유·초등학생을 위한 첫 영어 파닉스				
		Oh! My SPEAKING 1 / 2 / 3 / 4 / 5 / 6 핵심 문장 패턴으로 더욱 쉬운 영어 말하기					
		Oh! My GRAMMAR 1 / 2 / 3	쓰기로 완성하는 첫 초등 영문법				

	예비중	중1	중2	중3
구문	천일문 STARTER 1 / 2			중등 필수 구문 & 문법 총정리
문법	천일문 GRAMMAR LEVEL 1 / 2 / 3			예문 중심 문법 기본서
	GRAMMAR Q Starter 1, 2 / Intermediate 1, 2 / Advanced 1, 2			학기별 문법 기본서
	잘 풀리는 영문법 1 / 2 / 3			문제 중심 문법 적용서
	GRAMMAR PIC 1 / 2 / 3 / 4			이해가 쉬운 도식화된 문법서
			1센치 영문법	1권으로 핵심 문법 정리
문법+어법		첫단추 BASIC 문법·어법편 1 / 2		문법·어법의 기초
문법+쓰기	EGU 영단어&품사 / 문장 형식 / 동사 써먹기 / 문법 써먹기 / 구문 써먹기			서술형 기초 세우기와 문법 다지기
			올쓰 1 기본 문장 PATTERN	내신 서술형 기본 문장 학습
쓰기	거침없이 Writing LEVEL 1 / 2 / 3			중등 교과서 내신 기출 서술형
	중학 영어 쓰작 1 / 2 / 3			중등 교과서 패턴 드릴 서술형
어휘	신간 천일문 VOCA 중등 스타트/필수/마스터			2800개 중등 3개년 필수 어휘
	어휘끝 중학 필수편		중학 필수어휘 1000개	어휘끝 중학 마스터편 고난도 중학어휘 +고등기초 어휘 1000개
독해	신간 ReadingGraphy LEVEL 1 / 2 / 3 / 4			중등 필수 구문까지 잡는 흥미로운 소재 독해
	Reading Relay Starter 1, 2 / Challenger 1, 2 / Master 1, 2			타교과 연계 배경 지식 독해
	READING Q Starter 1, 2 / Intermediate 1, 2 / Advanced 1, 2			예측/추론/요약 사고력 독해
독해전략			리딩 플랫폼 1 / 2 / 3	논픽션 지문 독해
독해유형			Reading 16 LEVEL 1 / 2 / 3	수능 유형 맛보기 + 내신 대비
		첫단추 BASIC 독해편 1 / 2		수능 유형 독해 입문
듣기	Listening Q 유형편 / 1 / 2 / 3			유형별 듣기 전략 및 실전 대비
	쎄듀 빠르게 중학영어듣기 모의고사 1 / 2 / 3			교육청 듣기평가 대비

왓츠 리딩

What's Reading

Words

90 <u>A</u>

· 단어 암기장 ·

01 A Man with a Lamp — pp.14 ~ 17

☐ **road** [roud]	명 길, 도로
☐ **lamp** [læmp]	명 등불
☐ **appear** [əpíər] appeared	동 나타나다, 보이기 시작하다
☐ **surprised** [sərpráizd]	형 놀란
☐ **carry** [kǽri] carried	동 들고 가다, 운반하다, 나르다
☐ **answer** [ǽnsər] answered	동 대답하다
☐ **care about** cared about	걱정하다, 마음을 쓰다
☐ **traveler** [trǽvələr]	나그네, 여행자
☐ **dark** [dɑːrk]	어두운
☐ **get lost** got lost	길을 잃다
☐ **other side**	반대쪽
☐ **twinkling** [twíŋkliŋ]	반짝이는

☐ **close** [klous]	가까운
☐ **light** [lait]	빛
☐ **toward** [tɔːrd]	~을 향하여, ~쪽으로
☐ **blind** [blaind]	눈이 먼, 앞을 못 보는
☐ **bump into**	부딪치다
☐ **each other**	서로
☐ **show** [ʃou] showed	(길을) 알려 주다
☐ **right** [rait]	맞는; 올바른
☐ **others** [ˈʌðərz]	다른 사람들
☐ **warm** [wɔːrm]	(마음이) 따뜻한
☐ **heart** [haːrt]	마음
☐ **bright** [brait]	빛나는, 밝은

☐ **know** [nou] knew	동 알다, 알고 있다
☐ **decide** [disáid] decided	동 결심하다
☐ **decide to** decided to	~하기로 결심하다
☐ **favor** [féivər]	명 부탁
☐ **ask a favor** asked a favor	부탁을 하다
☐ **borrow** [bɔ́(:)rou] borrowed	동 빌리다
☐ **lend** [lend] lent	동 빌려주다
☐ **return** [ritə́:rn] returned	동 돌려주다, 반납하다
☐ **friendly** [fréndli]	형 친절한
☐ **famous** [féiməs]	유명한
☐ **scientist** [sáiəntist]	과학자
☐ **like** [laik]	좋아하다
☐ **people** [pí:pl]	사람들
☐ **person** [pə́:rsən]	사람

☐ **later** [léitər]	나중에
☐ **write** [rait] wrote	쓰다
☐ **thank-you letter**	감사 편지
☐ **soon** [suːn]	곧, 머지않아
☐ **become** [bikʌ́m] became	~가 되다, ~해지다
☐ **is[are] called**	~라고 불리다
☐ **effect** [ifékt]	효과
☐ **someone** [sʌ́mwʌn]	누군가, 어떤 사람
☐ **human nature**	인간 본성

03	**Soup Kitchens**	pp.22 ~ 25

☐ **arrive** [əráiv] arrived	동 도착하다
☐ **introduce** [ìntrədjúːs] introduced	동 소개하다
☐ **set** [set] set	동 1. (식탁을) 준비하다 2. (위치에) 놓다
☐ **at first**	처음에는

leave [liːv]
left

동 떠나다

feed [fiːd]
fed

동 1. 먹을 것을 주다
2. 음식을 먹이다

proud [praud]

형 자랑스러운

proud of

~을 자랑스러워하는

uncle [ʌ́ŋkl]

삼촌

thing [θiŋ]

것, 일

last [læst]

지난

on the way

가는 도중에

stop [stɑːp]
stopped

잠깐 들르다

buy [bai]
bought

사다

helper [hélpər]

도우미

cut [kʌt]
cut

자르다

vegetable [védʒətəbəl]

채소

line [lain]

(차례를 기다리는 사람들의) 줄

in line

줄을 서 있는

☐ **inside** [ìnsáid]	안으로
☐ **full** [ful]	가득 찬; 배부른
☐ **hundred** [hʌ́ndrəd]	100, 백

04   Place for the Hungry   pp.26 ~ 29

☐ **free** [fri:]	휑 1. 무료의 2. 자유로운
☐ **serve** [sə:rv] served	통 (음식을) 제공하다
☐ **soup** [su:p]	명 수프
☐ **choose** [tʃu:z] chose	통 선택하다, 고르다
☐ **add** [æd] added	통 더하다, 추가하다
☐ **still** [stil]	튀 아직도, 여전히
☐ **low** [lou]	휑 낮은, 적은
☐ **place** [pleis]	장소, 곳
☐ **little** [lítl]	거의 없는
☐ **have** [hæv] had	(식사를) 하다; 가지고 있다

☐ **meal** [miːl]	식사, 끼니
☐ **the U.S.**	미국
☐ **around** [əráund]	~쯤
☐ **at least**	적어도, 최소한
☐ **million** [míljən]	백만
☐ **lose** [luːz] lost	잃다
☐ **every** [évri]	어느 ~이나; 매~
☐ **each** [iːtʃ]	각각의, 각자의
☐ **about** [əbáut]	약, 대략
☐ **visitor** [vízitər]	방문객
☐ **exist** [igzíst]	존재하다
☐ **give out**	~을 나눠 주다
☐ **even** [íːvən]	~도, ~조차
☐ **price** [prais]	가격

CHAPTER 2 Jobs

01 Career Day pp.32 ~ 35

□ **guest** [gest]	명 손님
□ **work** [wəːrk]	명 일, 직장, 직업
□ **take care of** took care of	~을 돌보다
□ **bring** [briŋ] brought	동 데려오다, 가져오다
□ **teach** [tiːtʃ] taught	동 가르치다
□ **grown-up** [gróunʌp]	명 어른, 성인
□ **grow up** grew up	자라다, 성장하다
□ **interesting** [íntərəstiŋ]	형 흥미로운, 재미있는
□ **career** [kəríər]	직업
□ **career day**	커리어 데이
□ **special** [spéʃəl]	특별한
□ **visit** [vízit] visited	방문하다

☐ **wear** [wεər] wore	입고 있다, 쓰고 있다
☐ **safety** [séifti]	안전; 안전성
☐ **safety helmet**	안전모
☐ **nurse** [nəːrs]	간호사
☐ **a lot**	많이
☐ **also** [ɔ́ːlsou]	또한
☐ **ago** [əɡóu]	~전에
☐ **college** [kɑ́lidʒ]	대학
☐ **become** [bikʌ́m]	~가 되다, ~해지다

02	The Garbage Collectors	pp.36 ~ 39
☐ **mean** [miːn] meant	통 의미하다
☐ **collect** [kəlékt] collected	통 모으다, 수집하다
☐ **collector** [kəléktər]	명 수집가

☐ **full** [ful]	휑 가득 찬
☐ **full of**	~로 가득 찬
☐ **sell** [sel] sold	툉 팔다
☐ **about** [əbáut]	젠 1. 약, 대략 2. ~에 관한, 대하여
☐ **make money** made money	돈을 벌다
☐ **cause** [kɑːz] caused	툉 ~의 원인이 되다, 일으키다
☐ **garbage** [gɑ́ːrbidʒ]	쓰레기
☐ **Egyptian Arabic**	이집트 아랍어
☐ **from door to door**	집집마다
☐ **village** [vílidʒ]	(소)도시, 마을
☐ **city** [síti]	도시
☐ **Cairo** [káiərou]	카이로 ((이집트의 수도))
☐ **call A B**	A를 B라고 부르다
☐ **get** [get]	도착하다

☐ **sort** [sɔːrt]	분류하다
☐ **food waste**	음식물 쓰레기
☐ **thing** [θiŋ]	물건, 사물
☐ **plastic** [plǽstik]	플라스틱
☐ **glass** [glæs]	유리
☐ **metal** [métl]	금속
☐ **recycle** [riːsáikl]	재활용하다
☐ **health** [helθ]	건강
☐ **problem** [prábləm]	문제

03 Work Experience pp.40 ~ 43

☐ **put on** put on	~을 착용하다, 입다, 쓰다
☐ **list** [list]	명 목록
☐ **different** [dífərənt]	형 1. 여러 가지의, 각각 다른 2. 다른, 차이가 나는

experience [ikspíəriəns]
experienced

명 체험, 경험
동 체험하다, 경험하다

shoot [ʃuːt]
shot

동 (총 등을) 쏘다

begin [bigín]
began

동 (어떤 일이) 시작되다, 시작하다

bored [bɔːrd]

형 지루해하는

lie [lai]
lay

눕다

headset [hédsèt]

헤드셋

screen [skriːn]

화면

choose [tʃuːz]
chose

선택하다, 고르다

firefighter [fáiərfáitər]

소방관

fire engine

소방차

movie [múːvi]

영화

fire [fáiər]

화재

keep [kiːp]
kept

계속하다

tool [tuːl]

도구

☐ **another** [ənʌ́ðər]	다른
☐ **notebook** [nóutbuk]	공책, 노트
☐ **a cup of**	한 잔의
☐ **hot chocolate**	핫초코, 코코아
☐ **type** [taip]	타자 치다
☐ **look like**	~처럼 보이다
☐ **perfect** [pə́:rfikt]	완벽한

04 Interesting Jobs pp.44 ~ 47

☐ **job** [dʒɑb]	몡 직업, 일
☐ **grab** [græb] grabbed	통 붙잡다, 움켜잡다
☐ **sound** [saund] sounded	통 ~인 것 같다, ~처럼 들리다
☐ **tough** [tʌf]	혱 힘든, 어려운
☐ **check** [tʃek] checked	통 점검하다, 살피다

☐ **hurt** [həːrt]	휑 다친	
☐ **throw away** threw away	버리다, 없애다	
☐ **snake milker**	스네이크 밀커, 뱀독 채취가	
☐ **poison** [pɔ́izən]	독	
☐ **such** [sətʃ]	그런, 그러한	
☐ **medicine** [médəsin]	약	
☐ **how about ~?**	~은 어때?	
☐ **slide** [slaid]	미끄럼틀	
☐ **water slide**	워터 슬라이드	
☐ **tester** [téstər]	검사자	
☐ **may** [mei]	~일지도 모른다	
☐ **fun** [fʌn]	재미있는	
☐ **sometimes** [sʌ́mtàimz]	가끔	
☐ **often** [ɔ́(ː)fən]	자주	

☐ **Amsterdam** [ǽmstərdæ̀m] 암스테르담 ((네덜란드의 수도))

☐ **ride** [raid] 타다

☐ **fisher** [fíʃər] 낚시꾼

☐ **take** [teik] 타다, 타고 가다

☐ **fish out** (물속에서) 꺼내다, 빼내다

CHAPTER 3 Culture

| 01 | The Colors of Us | pp.50 ~ 53 |

☐ **dark** [dɑːrk] — 형 (눈·머리가·피부가) 어두운, 검은

☐ **color** [kʌ́lər] — 명 색

☐ **take out**
took out — 데리고 나가다

☐ **playground** [pléigràund] — 명 놀이터

☐ **see** [siː]
saw — 동 보다

☐ **walk** [wɔːk]
walked — 동 걷다

☐ **get** [get]
got — 동 1. 도착하다   2. (어디에서) 가져오다
3. 얻다, 구하다

☐ **skin** [skin] — 피부

☐ **cinnamon** [sínəmən] — 계피

☐ **teach** [tiːtʃ] — 가르치다

☐ **mix** [miks] — 섞다

☐ **right** [rait] — 맞는, 알맞은

단어 암기장 **17**

☐ **over there**	저쪽에
☐ **light** [lait]	연한
☐ **yellow-brown**	황갈색(의)
☐ **chocolate brown**	초콜릿 갈색
☐ **fair** [fɛər]	흰 피부의
☐ **other** [ʌ́ðər]	다른
☐ **skin color**	피부색
☐ **paint** [peint]	물감; (그림물감으로) 그리다
☐ **think about**	~에 대해 생각하다
☐ **everyone** [évriwʌ̀n]	모두
☐ **different** [dífərənt]	다른; 다양한
☐ **beautiful** [bjú:təfəl]	아름다운

☐ **imagine** [imǽdʒin] imagined	동 상상하다
☐ **only** [óunli]	형 (오직) ~만의
☐ **planet** [plǽnit]	명 행성
☐ **under** [ʌ́ndər]	전 1. (나이 등이) ~ 미만의 2. (위치가) ~ 아래에
☐ **between** [bitwíːn]	전 ~ 사이에
☐ **come from** came from	~ 출신이다, ~에서 오다
☐ **place** [pleis]	명 곳, 장소
☐ **language** [lǽŋgwidʒ]	명 언어
☐ **Welcome to ~!**	~에 오신 것을 환영합니다!
☐ **about** [əbáut]	약, 대략
☐ **billion** [bíljən]	10억
☐ **around the world**	전 세계적으로
☐ **Earth** [əːrθ]	지구
☐ **create** [kriéit]	만들어 내다, 창조하다

단어 암기장 **19**

☐ **own** [oun]	자신의
☐ **out of**	~ 중에서
☐ **hundred** [hʌ́ndrəd]	백, 100
☐ **male** [meil]	남자의
☐ **female** [fíːmeil]	여자의
☐ **other** [ʌ́ðər]	(그 밖의) 다른
☐ **age** [eidʒ]	나이
☐ **rest** [rest]	나머지 (사람들)
☐ **culture** [kʌ́ltʃər]	문화
☐ **unique** [juːníːk]	독특한

03　Halloween　pp.58 ~ 61

☐ **celebrate** [séləbrèit] celebrated	통 기념하다
☐ **slowly** [slóuli]	부 서서히, 천천히
☐ **come out** came out	나오다

keep away kept away	~을 멀리하다, 가까이하지 않다
near [niər]	휑 가까운
dress [dres] dressed	동 옷을 입다 명 드레스, 원피스
for fun	재미로
use [juːz] used	동 쓰다, 사용하다
past [pæst]	과거, 지난날
Britain [brítn]	영국
festival [féstivəl]	축제
eve [iːv]	전날, 전날 밤
change [tʃeindʒ] changed	바뀌다
believe [bilíːv] believed	믿다
ghost [ɡoust]	유령, 귀신
make A out of B made A out of B	B로 A를 만들다
special [spéʃəl]	특별한

☐ **lantern** [læntərn]	랜턴
☐ **pumpkin** [pʌmpkin]	호박
☐ **witch** [witʃ]	마녀
☐ **think** [θiŋk] thought	생각하다
☐ **safe** [seif]	안전한
☐ **still** [stil]	여전히
☐ **just** [dʒʌst]	단지
☐ **decoration** [dèkəréiʃən]	장식
☐ **mean** [miːn]	의미하다
☐ **death** [deθ]	죽음

☐ **show** [ʃou]
showed

동 1. (감정, 태도 등을) 나타내다, 보이다
2. 보여 주다

☐ **desert** [dézərt]

명 사막

☐ **link** [liŋk]

명 관련, 관련성

☐ **joy** [dʒɔi]

명 기쁨, 환희

☐ **think of**
thought of

~을 생각하다, 머리에 떠올리다

☐ **come to mind**
came to mind

생각이 떠오르다

☐ **harvest** [háːrvist]

명 (작물의) 수확, 추수

☐ **bride** [braid]

신부

☐ **purity** [pjúərəti]

순수함

☐ **the Middle East**

중동

☐ **camel** [kǽməl]

낙타

☐ **important** [impɔ́ːrtənt]

중요한

☐ **thanks** [θæŋks]

감사

☐ **something** [sʌ́mθiŋ]   어떤 것

☐ **Western** [wéstərn]   서양의

☐ **holy** [hóuli]   성스러운, 신성한

☐ **Southeast Asia**   동남아시아

☐ **robe** [roub]   법복; 예복

☐ **Dutch** [dʌtʃ]   네덜란드(인)의

☐ **the Netherlands**   네덜란드

☐ **uniform** [júːnəfɔ̀ːrm]   (선수의) 유니폼

☐ **royal** [rɔ́iəl]   왕실의

☐ **royal family**   왕족, 왕가

01 Stories about Gods
pp.68 ~ 71

☐ **explain** [ikspléin]
explained
동 설명하다

☐ **nature** [néitʃər]
명 자연

☐ **make up**
made up
지어[만들어] 내다

☐ **power** [páuər]
명 권력, 힘

☐ **control** [kəntróul]
controlled
명 통제, 제어 동 통제하다, 지배하다

☐ **example** [igzǽmpəl]
명 예, 보기, 예시

☐ **For example**
예를 들어

☐ **anger** [ǽŋgər]
명 분노, 화

☐ **about** [əbáut]
~에 대한

☐ **myth** [miθ]
신화

☐ **usually** [júːʒuəli]
대개, 보통

☐ **history** [hístəri]
역사

☐ **mysterious** [mistíəriəs]	불가사의한, 신비한
☐ **believe** [bilíːv] believed	믿다
☐ **tell** [tel] told	전하다
☐ **children** [tʃíldrən]	자식들, 아이들
☐ **grow up** grew up	성장하다
☐ **culture** [kʌ́ltʃər]	문화
☐ **Greek** [griːk]	그리스의
☐ **Roman** [róumən]	로마의
☐ **another** [ənʌ́ðər]	또 하나의
☐ **Egyptian** [idʒípʃən]	이집트의
☐ **creator** [kriéitər]	창조자

02	**Flying High with Wings**	pp.72 ~ 75
☐ **build** [bild] built	동 짓다, 건설하다
☐ **however** [hauévər]	부 하지만, 그러나

☐ **anybody** [énibàdi]	때 아무도	
☐ **a lot of**	많은	
☐ **high** [hai]	부 높이	
☐ **melt** [melt] melted	동 (열 때문에) 녹다, 녹이다	
☐ **fall** [fɔːl] fell	동 빠지다, 떨어지다	
☐ **engineer** [èndʒiníər]	기술자	
☐ **maze** [meiz]	미로	
☐ **palace** [pǽlis]	궁전, 궁	
☐ **keep** [kiːp] kept	기두디, 깁금하다	
☐ **exit** [égzit]	출구	
☐ **land** [lænd]	육지, 땅	
☐ **decide to** decided to	～하기로 결심하다	
☐ **fly** [flai] flew	날다	
☐ **instead** [instéd]	대신에	
☐ **escape from**	～에서 달아나다	

☐ **gather** [gǽðər] gathered	모으다
☐ **feather** [féðər]	깃털
☐ **wax** [wǽks]	밀랍, 왁스
☐ **warn** [wɔ:rn] warned	경고하다
☐ **warning** [wɔ́:rniŋ]	경고
☐ **close** [klous]	가까이
☐ **forget** [fərgét] forgot	잊다
☐ **toward** [tɔːrd]	~을 향하여, ~쪽으로

03 Stories with Facts

pp.76 ~ 79

☐ **similar** [símələr]	형 비슷한, 유사한
☐ **similar to**	~와 비슷한
☐ **important** [impɔ́:rtənt]	형 중요한
☐ **true** [tru:]	형 사실인, 맞는

☐ **real** [ríːəl]		형 진짜의, 현실의, 실제의
☐ **fact** [fækt]		명 사실, (실제로 일어난) 일
☐ **poor** [puər]		형 가난한
☐ **the poor**		가난한 사람들
☐ **band** [bænd]		명 1. (함께 어울려 다니는) 무리 2. (음악) 밴드
☐ **a band of**		~의 무리
☐ **legend** [lédʒənd]		전설
☐ **grandchildren**		손주들 ((grandchild의 복수형))
☐ **famous** [féiməs]		유명한
☐ **are[is] based on**		~에 근거하다
☐ **always** [ɔ́ːlweiz]		항상
☐ **help** [help] helped		돕다
☐ **robber** [rábər]		강도
☐ **most of**		~의 대부분

☐ **fish** [fiʃ]
fished
동 낚시하다 명 물고기, 어류

☐ **dead** [ded]
형 죽은

☐ **steal** [stiːl]
stole
동 훔치다, 도둑질하다

☐ **forgiveness** [fərgívnis]
명 용서

☐ **forgive** [fərgív]
forgave
동 용서하다

☐ **follow** [fálou]
followed
동 따라가다

☐ **life** [laif]
명 생명, 목숨

☐ **think** [θiŋk]
thought
생각하다

☐ **open** [óupən]
opened
(눈을) 뜨다

☐ **underwater palace**
용궁

☐ **guard** [gɑːrd]
경비, 보초

☐ **come** [kʌm]
came
오다

☐ **take** [teik]
took
데리고 가다

☐ **beg for**
begged for
~을 구하다, 간청하다

give [ɡiv]
gave

주다

puppy [pʌ́pi]

강아지

home [houm]

집으로, 집에; 집

finally [fáinəli]

마침내

arrive [əráiv]
arrived

도착하다

soon [suːn]

곧

Island

☐ **stone** [stoun]   몡 돌, 돌멩이

☐ **heavy** [hévi]   혱 무거운

☐ **drop** [drɑp]
dropped   통 떨어뜨리다, 떨어지다

☐ **earth** [ə:rθ]   몡 1. 땅, 대지   2. 지구

☐ **strong** [strɔ(:)ŋ]   혱 힘센, 강한

☐ **the strongest**   가장 힘센

☐ **sound** [saund]   몡 소리

☐ **forget** [fərgét]
forgot   통 잊다, 잊어버리다

☐ **fall in love with**
fell in love with   ~와 사랑에 빠지다

☐ **special** [spéʃəl]   특별한

☐ **want A back**
wanted A back   A를 돌려받기를 원하다

☐ **send** [send]
sent   보내다

32 왓츠 리딩 90 Ⓐ

☐ **job** [dʒɑb]	(해야 하는) 일
☐ **never** [névər]	결코 ~ 않다
☐ **return** [ritə́ːrn] returned	돌아오다
☐ **also** [ɔ́ːlsou]	또한
☐ **bury** [béri] buried	(땅에) 묻다
☐ **put** [put] put	놓다, 두다
☐ **ground** [graund]	땅

02 Plastic Islands

pp.90 ~ 93

☐ **island** [áilənd]	명 섬
☐ **garbage** [gɑ́ːrbidʒ]	명 쓰레기
☐ **distance** [dístəns]	명 1. 먼 거리, 먼 곳 2. 거리
☐ **from a distance**	멀리서, 멀리 떨어져
☐ **actually** [ǽktʃuəli]	부 실제로, 사실은

☐ **float** [flout] floated	통 1. (물 위에서) 떠 있다, 떠돌다 2. (가라앉지 않고 물에) 뜨다
☐ **ocean** [óuʃən]	명 바다, 대양
☐ **piece** [piːs]	명 조각, 부분
☐ **pieces of**	~의 조각들
☐ **plastic** [plǽstik]	플라스틱
☐ **world** [wəːrld]	세계
☐ **map** [mæp]	지도
☐ **often** [ɔ́(ː)fən]	흔히, 보통
☐ **closely** [klóusli]	가까이, 가깝게
☐ **spot** [spɑt]	곳, 장소
☐ **made of**	~로 구성된, 만들어진
☐ **fishing net**	어망
☐ **move** [muːv]	옮기다, 이동시키다
☐ **move A around**	A를 여기저기 옮기다

☐ **come from**	~에서 오다	
☐ **all over the world**	전 세계에서	
☐ **river** [rívər]	강	
☐ **beach** [biːtʃ]	해변	
☐ **land** [lænd]	육지, 땅	

03	Delos Island	pp.94 ~ 97
☐ **give birth to** gave birth to	(아이를) 낳다	
☐ **hide** [haid] hid	통 숨다	
☐ **jealous** [dʒéləs]	형 질투하는	
☐ **jealous of**	~을 질투하는	
☐ **allow** [əláu] allowed	통 허락하다	
☐ **order** [ɔ́ːrdər] ordered	통 명령하다	
☐ **run away** ran away	도망치다	

☐ **jump** [dʒʌmp] jumped	통 뛰다, 뛰어오르다
☐ **jump into** jumped into	~에 뛰어들다
☐ **before** [bifɔ́ːr]	~하기 전에
☐ **twin** [twin]	쌍둥이
☐ **anywhere** [éniwɛ̀ər]	어디에도
☐ **sadly** [sǽdli]	슬프게도
☐ **no one**	아무도 ~ 않다
☐ **help** [help] helped	도와주다
☐ **swim** [swim] swam	헤엄치다, 수영하다
☐ **rock** [rɑːk]	바위
☐ **climb** [klaim] climbed	오르다
☐ **onto** [ɑːntu]	~ 위에
☐ **soon** [suːn]	곧
☐ **become** [bikʌ́m] became	~가 되다

☐ **history** [hístəri]　　　　몡 역사

☐ **company** [kʌ́mpəni]　　　몡 회사

☐ **prison** [prízən]　　　　　몡 감옥, 교도소

☐ **terrible** [térəbl]　　　　　휑 끔찍한, 소름 끼치는

☐ **have to**
　 had to　　　　　　　　　~해야 한다

☐ **hour** [áuər]　　　　　　　몡 시간

☐ **hundred** [hʌ́ndrəd]　　　몡 백, 100

☐ **buy** [bai]
　 bought　　　　　　　　　사다, 구입하다

☐ **coal** [koul]　　　　　　　석탄

☐ **Japanese** [dʒæpəníːz]　일본(인)의

☐ **worker** [wə̀ːrkər]　　　　노동자

☐ **move** [muːv]
　 moved　　　　　　　　　이동하다

☐ **Chinese** [tʃàiníːz]　　　　중국(인)의

☐ **Korean** [kəríːən]　　　　　한국(인)의

□ **was[were] called** ~라고 불렸다

□ **hell** [hel] 지옥

□ **conditions** [kəndíʃəns] 환경, 상황

□ **die** [dai]
  died 죽다

MEMO

Read Along with Me!